집 구하는 게
너무 ———
어렵습니다

T.W.I.G
티더블유아이지

프롤로그

안녕하세요.
안선생입니다.

그동안 유튜브를 통해 집을 구할 때 필요한 유용한 정보를 전달해 왔습니다. 제 유튜브를 보고 원하는 집을 구했다는 댓글을 볼 때마다 큰 보람을 느끼곤 합니다. 지금은 본의 아니게 집 구하기 멘토가 되었지만, 저도 처음부터 부동산을 잘 알았던 것은 아닙니다.

2017년 1월, 첫 자취방을 구할 땐 정말 막막했습니다. 집을 어떻게 구해야 하는지 전혀 몰랐기 때문입니다. 그래서 무작정 부동산을 찾아갔습니다. 결과는 어땠을까요? 공인 중개사와 집주인에게 이리저리 끌려다녔습니다. 대화가 오가는 모든 과정에서 주도권이 하나도 없었습니다. 중개사와 집주인이 하는 말에 전부 "네."라고 답할 수밖에 없었습니다. 뭐 하나 제대로 아는 것이 없는 저 자신이 참 순진한 바보 같다는 생각을 했습니다.

이후 도서관에서 부동산 관련 책들을 모조리 읽었습니다. 인터넷에 있는 방대한 자료들을 하나하나 분석하며 치열하게 부동산 공부를 했습니다.

시간이 지나 6번의 이사를 더 하게 됩니다. 그리고 작은 빌라를 소유하면서 집주인이 되어 수많은 세입자를 상대하게 되죠. 집을 구하고, 또 집을 보여주면서 만난 공인 중개사와 중개 보조원만 해도 200명이 넘습니다. 이러한 과정을 거치면서 자연스럽게 세입자, 집주인, 중개사 각각의 입장을 이해하게 되었고, 집 구하기와 관련된 많은 실전 지식을 체득할 수 있었습니다.

부동산 지식이 쌓이자, 집을 구할 때 조언을 부탁하는 친구들이 늘어났습니다. 그렇게 한 명, 두 명 조언을 해주다 보니 이것이 제 지인뿐만 아니라 사회 초년생 모두가 겪는 어려움임을 알게 되었습니다. 그래서 유튜브에 자취방 구하는 방법을 영상으로 만들어 올리기 시작했습니다. 반응은 폭발적이었습니다. 영상마다 수십만의 조회 수가 나왔고 수백 개의 댓글이 달렸습니다.

이후 많은 구독자들이 자취방 구하기뿐 아니라 전세 대출이나 청약 등 현실에서 꼭 필요한 부동산 지식을 알려 달라는 요청을 해왔습니다. 요청에 부응하고자 오랜 시간 관련 지식을 정리했고, 그렇게 「집 구하는 게 너무 어렵습니다」가 탄생했습니다. 집을 구하는 모든 사람에게 이 책이 큰 도움이 되었으면 좋겠습니다.

이런 내용을
담았습니다.

　　　　　　　　　　Part 1. 나에게 꼭 맞는 원룸 구하기에서는 <u>집을 고르고,</u> <u>계약하고, 입주하기까지의 모든 과정을 다룹니다.</u> 월세, 전세의 개념부터 자취에 들어가는 비용 계산법, 방을 볼 때 체크해야 할 사항, 전입신고를 하고 확정일자를 받는 법, 계약이 끝나고 안전하게 보증금을 돌려받아 이사 나가는 법까지 실전에서 바로 활용할 수 있는 유용한 지식을 알차게 담았습니다.

특히 부동산 계약서를 작성할 때 확인해야 하는 문서들, 임대차 계약서/등기부등본/건축물대장/중개대상물 확인설명서를 이해하기 쉽게 정리했습니다. 사회 초년생에게 계약서 작성은 낯설고 부담스럽습니다. 실수한 것은 아닌지 혹시 놓친 부분은 없는지, 사기 피해를 보는 건 아닌지 걱정이 되죠. 이런 걱정을 덜기 위해 실제 문서를 예시로 제시하여 문서에 적힌 내용이 정확히 무엇을 의미하는지, 어디를 주의 깊게 봐야 하고, 그것이 왜 중요한지를 자세히 설명합니다.

Part 2. 주거복지제도 활용하기에서는 사회 초년생이 지원받을 수 있는 다양한 주거복지제도를 다룹니다. 모두가 주거복지제도의 혜택을 받을 순 없습니다. 다만, 자격이 되는데도 몰라서 받지 못하는 일은 없어야 합니다. 이를 위해 여러 주거복지제도를 살펴보고, 동시에 자가 진단까지 함께 해보는 시간을 갖습니다.

Part 3. 나에게 꼭 맞는 전셋집 구하기에서는 많은 분이 궁금해하는 전세 대출 잘 받는 법과 소중한 보증금을 지키는 법, 그리고 전세 사기를 방지하는 법을 다룹니다. 전세는 보증금의 액수가 굉장히 큽니다. 한 번 실수하면 회복하는 데 오랜 시간이 걸리고, 심지어는 인생이 망가질 수도 있습니다. 따라서 3장은 다른 어떤 것보다 '안전한 집 구하기'에 초점을 맞췄습니다.

Part 4. 청약으로 내 집 마련하기에서는 청약 통장의 개념과 납입 방법, 청약 신청 절차부터 당첨 후 과정까지 내 집 마련을 꿈꾸는 사회 초년생이 알아야 할 청약의 모든 것을 다룹니다. 꼭 필요하지만, 누구도 알려주지 않았던 주택 청약에 대해 자세히 배울 수 있습니다.

자, 이제 좋은 집을 구하러 함께 떠나 볼까요?

CONTENTS

프롤로그 002

Part 01 나에게 꼭 맞는 원룸 구하기 - 월세 편

- 01 월세랑 전세랑 뭐가 달라요? 013
- 02 오피스텔? 빌라? 쉐어하우스? 주거 유형 살펴보기 017
- 03 비용 계획하는 법 027
- 04 라이프 스타일을 고려한 위치 정하기 038
- 05 온라인에서 매물을 찾는 방법 043
- 06 어려운 부동산 용어 이해하기 046
- 07 온라인 허위 매물에 속지 않는 방법 054
- 08 오프라인 발품으로 알짜배기 자취방 찾기 059
- 09 집 보러 가기 1 - 영업에 넘어가지 않는 법 068
- 10 집 보러 가기 2 - 체크리스트 만들기 073
- 11 집 보러 가기 3 - 가계약금 걸기 084
- 12 계약하기 전 사전 준비 087

13	계약서 작성하기 1 - 임대차 계약서	096
14	계약서 작성하기 2 - 등기부등본	107
15	계약서 작성하기 3 - 보증금 안전한지 계산하는 방법	115
16	계약서 작성하기 4 - 건축물대장 확인하기	126
17	계약서 작성하기 5 - 중개대상물 확인설명서 확인하기	129
18	부동산 계약 당일 준비물과 돌발 변수 대비하기	133
19	누구보다 똑똑하게 이사하는 법	140
20	보증금 지키는 전입신고와 확정일자 받기	146
21	집주인에게 수리를 요구하는 방법	150
22	보증금 지키면서 이사 나가는 방법	156

잠깐 쉬어가기 — 168

CONTENTS

Part 02 주거복지제도 활용하기

01 청년을 위한 주거복지제도 · 173
02 나에게 딱 맞는 주거복지제도 알아보기 · 181

잠깐 쉬어가기 · 190

Part 03 나에게 꼭 맞는 전셋집 구하기 - 전세 편

01 전세로 살면 뭐가 좋을까? · 195
02 꼭 서울에 살아야 할까? (서울 VS 근교) · 200
03 은행 대출 상담 전 체크 포인트 · 207
04 은행에 대출 상담 받으러 가기 · 213
05 온라인 손품 팔기 · 216
06 오프라인 발품 팔기 · 222
07 이 집이면 대출이 나올까요? · 225
08 계약 전 안전장치 마련하기 & 계약하기 · 230

09 전세 대출 신청 및 계약하기 · 235

10 잔금 치르기 · 240

11 전입신고하기 · 243

12 계약 연장하기 or 계약 종료하기 · 244

잠깐 쉬어가기 · 250

Part 04 청약으로 내 집 마련하기

01 청약이란 무엇일까? · 261

02 청약 당첨자, 어떻게 뽑을까? · 264

03 투기과열지구란 무엇일까? · 268

04 청약 당첨에 가까워지려면? · 272

05 청약, 실전으로! · 281

잠깐 쉬어가기 · 288

감사인사 · 290

Part 1.

나에게 꼭 맞는 원룸 구하기
- 월세 편 -

01
월세랑 전세랑 뭐가 달라요?

사회 초년생 철수(25세)는 지방 본가에서 독립해 서울에 첫 자취방을 구하려고 한다. 그런데 자취는 처음이라 뭐부터 시작해야 할지 막막하기만 하다. 월세, 전세의 개념도 아직 생소한 데다가 오피스텔, 빌라, 원룸, 투룸, 저층, 고층 등 선택해야 할 것이 너무 많아 머리가 아프다. 또, 월세만 내면 끝인 줄 알았는데 보증금에 관리비에 공과금까지! 자취에 들어가는 비용에는 도대체 어떤 것들이 있는 걸까? 사회 초년생이라 최소한의 비용으로 집을 구하고 싶다. 고민 끝에 철수는 자취방 구하기 N년 차 선배 민수에게 도움을 요청했다. 철수의 이야기를 들은 민수는 이렇게 말했다.

"자취방을 구하기 전에 먼저 월세로 살지, 전세로 살지를 결정해야 해. 너 월세랑 전세가 어떻게 다른 건지 알아?"
"아니, 어렴풋이는 아는데 자세히는 몰라."
"그럼 월세랑 전세부터 시작해보자."

01 월세 VS 전세

집 구하는 문제로 주변에 조언을 구하면 어떤 사람은 월세가 더 좋다고 하고, 어떤 사람은 전세가 더 낫다고 합니다. 월세와 전세, 어떤 차이가 있는 걸까요?

(1) 월세의 장단점

월세는 입주할 때 소액의 보증금을 내고, 매달 정해진 금액을 주거비로 지불하는 주거 형태입니다. 예를 들어, [500만 원/40만 원]이라고 써진 원룸이라면, 입주 시 보증금 500만 원을 내고, 매달 40만 원의 월세를 지불해야 한다는 의미입니다. 참고로 500만 원의 보증금은 이사를 나갈 때 돌려받을 수 있습니다.

월세의 가장 큰 장점은 목돈이 필요 없다는 것입니다. 월세의 보증금은 보통 300만 원에서 1,000만 원 정도로 대학생이나 사회 초년생처럼 모아둔 돈이 많지 않은 사람들이 들어가기 좋습니다. 또한 보증금 액수가 크지 않아 계약을 할 때 상대적으로 리스크가 적습니다. 그렇다면 단점은 무엇일까요?

가장 큰 단점은 매달 돈이 나간다는 것입니다. 매달 내는 돈이 크지 않아 보여도 1~2년을 놓고 보면 결코 적지 않습니다. 40만 원씩 2년이면 약 1,000만 원을 주거비로 내는 셈이죠. 매달 나가는 주거비뿐만 아니라 기본적인 생활비까지 고려하면 한 달에 나가는 돈이 꽤 많습니다. 소득 수준이 높지 않은 경우라면 돈을 모으기가 쉽지 않습니다.

(2) 전세의 장단점

전세는 매달 주거비를 내지 않는 대신 보증금 액수가 높은 주거 형태입니다. 즉, 목돈의 보증금만 내면 그다음부터는 나가는 돈이 없습니다. 따라서 돈을 모으기가 더 수월합니다.

단점은 목돈이 필요하다는 것입니다. 전세 보증금은 보통 몇천만 원에서 억 단위에 이릅니다. 모아둔 돈이 있거나 부모님 등이 도와주지 않는 이상 전세 보증금을 마련하기가 쉽지 않습니다. 물론 은행에서 전세 대출을 받을 수도 있습니다. 하지만, 전세 대출은 매달 이자를 내야 합니다. 월세 금액과 이자 비용을 잘 비교해서 합리적인 선택을 해야 하죠. 시중 금리에 따른 이자 변동 또한 고려해야 합니다. 그뿐만 아니라 전세는 월세보다 보증금 단위가 커 계약의 리스크가 존재합니다. 또, 목돈이 집에 묶여 투자나 재테크 등 다른 기회에 활용할 수 없다는 단점이 있습니다.

전세는 전 세계에서 우리나라에만 있는 특수한 주거 형태입니다. 과거 고도 성장기 시절에는 은행 이자가 10% 이상이었기 때문에 집주인은 전세 세입자에게 받은 보증금만 은행에 넣어두어도 매달 많은 이자를 받을 수 있었습니다. 그러나 저금리 시대가 도래하면서 집주인이 전세 보증금으로 받을 수 있는 은행 이자가 줄어들었고, 현재는 전세뿐 아니라 월세, 반전세 등 다양한 주거 형태가 활용되고 있습니다.

반전세는 보증금은 월세와 전세 사이면서 매달 나가는 주거비는 월세보다 낮은 주거 형태입니다. 쉽게 말하면 월세에서 보증금을 높이고 매달 내는 주거비를 줄인 형태입니다. 매달 나가는 주거비를 줄일 수 있어 돈을 모으기가 수월하다는 장점이 있습니다. 다만 반전세 매물 자체가 많지 않고, 보증금이 1,000만 원에서 5,000만 원 정도로 큰 편이라 계약의 리스크가 존재합니다.

1분 요약

	월세	전세	반전세
보증금	300만 원~1,000만 원	5천만 원~억 단위	1,000만 원~5,000만 원
주거비	30만 원~80만 원	없음	10만 원~50만 원
장점	목돈 없이 바로 입주 가능	매달 나가는 주거비 없음	매달 나가는 주거비 적음
단점	매달 나가는 비용이 많아 돈 모으기가 어려움	목돈이 필요함	매물이 많지 않음 (구하기가 어려움)

02
오피스텔? 빌라? 쉐어하우스? 주거 유형 살펴보기

철수는 전세를 살고 싶었지만, 사회 초년생이라 모아둔 돈이 없었다. 그래서 월세로 살 수 있는 자취방을 구하기로 결심했다. 그런데 여기서 끝이 아니었다. 오피스텔, 빌라, 쉐어하우스, 고시원 등 월세로 들어갈 수 있는 곳도 종류가 굉장히 다양했다. 철수는 민수를 만나 고민을 털어놓는다.

"형, 나 월세로 자취방을 구하기로 했어. 그런데 오피스텔이랑 빌라 중에서 어디로 가는 게 좋아? 요즘은 쉐어하우스도 많다던데, 이것도 한번 알아볼까?"
"각각 장단점이 있지. 지금부터 월세로 갈 수 있는 곳들을 총정리해 줄 테니까 잘 듣고 골라봐."

01 오피스텔

　오피스텔은 오피스(Office)와 호텔(Hotel)의 합성어로 주간에는 업무를 보고 야간에는 숙식을 할 수 있는 공간을 말합니다. 오피스텔의 용도는 소유자가 결정할 수 있는데 업무용으로 쓸 건지, 주거용으로 쓸 건지 하나만 선택해 국가기관에 등록해야 합니다. 회사들이 밀집해 있는 상업 지구에 거주하고 싶어 하는 사람들이 많아지면서 사무 목적이 아닌 주거 목적으로 사용하는 경우가 늘고 있습니다. 책에서 알아볼 오피스텔 원룸은 주거용 오피스텔이라고 이해하면 됩니다.

▲ 오피스텔의 외부와 내부 모습

(1) 오피스텔의 장단점

　대부분 역세권 혹은 도심에 위치해 있어 교통 접근성이 좋습니다. 또, 주차장이 충분해 주차를 걱정할 필요가 없습니다. 아주 오래된 오피스텔이 아니라면 빌트인 냉장고, 세탁기, 에어컨이 갖춰져 있고 옷장, 수납장, 전자레인지, 책상, 침대 등이 있기도 합니다. 오피스텔을 관리하는 관리실(사무실)이 별도로 존재해

엘리베이터, 복도와 같은 공용 시설물에 대한 청소와 관리가 철저합니다. 또한 출입문 보안, CCTV, 경비원 덕분에 외부의 위협으로부터 비교적 안전합니다. 내부뿐 아니라 건물 외관도 세련돼서 보기에도 좋습니다.

그렇다면, 오피스텔 원룸의 단점은 무엇일까요? 단점은 월세 금액이 상대적으로 비싸다는 것입니다. 매달 내야 하는 관리비도 적지 않아(10~20만 원) 주거비가 생각보다 많이 나갑니다. 또한 건축법상 창문의 개방 정도가 제한되어 있어 창문을 활짝 열지 못한다는 단점이 있습니다.

▲ 활짝 열기가 어려운 오피스텔의 창문 구조

02 빌라 / 주택

빌라와 주택은 동네에서 흔히 볼 수 있는 가장 보편적인 주거 형태입니다. 법적으로 따지자면 단독 주택, 다세대 주택, 다가구 주택 등 여러 가지로 구분할 수 있지만 외관상은 큰 차이가 없기 때문에 책에서는 빌라/주택의 카테고리로 묶어서 설명해 드리겠습니다.

▲ 주변에서 볼 수 있는 주택(좌)과 빌라(우)의 모습

(1) 빌라 / 주택의 장단점

장점은 월세와 관리비가 오피스텔보다 저렴하다는 것입니다. 단점은 냉장고, 세탁기, 옷장 등 구비된 옵션 항목이 천차만별이어서 구비되지 않은 가전제품을 구매해야 한다는 점, 주차 공간이 협소하다는 점, 골목길을 지나 동네 안쪽에 위치한 경우가 많아 밤 귀갓길이 위험할 수도 있다는 점 등을 꼽을 수 있습니다.

(2) 반지하 원룸의 장단점

빌라와 주택 중에 오래된 건물은 반지하도 임대하고 있습니다. 여기서 반지하는 1층과 지하 1층 사이 정도 되는 위치에 있는 방을 말합니다. 창문을 열면 사람들의 다리가 보이는 그런 위치이죠.

▲ 1층과 지하 1층 사이에 위치한 반지하의 모습

반지하의 경우 지상층의 집보다 가격이 저렴하다는 장점이 있습니다. 하지만, 환기가 잘되지 않기 때문에 관리를 소홀히 하면 집안 곳곳에 곰팡이가 필 수 있습니다. 또, 햇빛이 잘 들어오지 않아 집 안이 어둡고 습하죠. 장마철에 창문을 통해 방으로 비가 들어올 수 있다는 것도 단점입니다.

03 쉐어하우스

▲ 공용 공간이 넓은 쉐어하우스

쉐어하우스는 한 집에 여러 명이 모여 사는 주거 형태를 말합니다. 쉽게 말해 작은방은 은영이가, 큰방은 영희가, 안방은 미영이가 사용하고 거실과 주방, 화장실 등의 공용 공간은 함께 쓰는 것이죠. 한국에서는 다소 낯설지만 해외에서는 이미 보편화된 주거 형태입니다. 집주인 혹은 전세 세입자가 직접 살면서 남는 방을 쉐어하우스로 주는 경우도 있고, 직접 살지 않으면서 수익을 목적으로 쉐어하우스를 운영하는 경우도 있습니다. 최근에는 쉐어하우스를 사업 모델로 하는 회사들도 생겨나고 있죠. 그럼, 지금부터 쉐어하우스의 장단점을 알아보도록 하겠습니다.

(1) 쉐어하우스의 장단점

쉐어하우스의 보증금은 100~200만 원으로 빌라/주택 원룸 보증금 500~1,000만 원에 비해 매우 저렴합니다. 계약 기간도 단기(1~6개월)가 많아 쉽게 거처를 옮길 수 있고 부동산을 통하지 않으므로 중개 보수를 아낄 수 있다는 장점이 있습니다.

원룸의 경우 활동 반경이 방 하나로 국한되어 답답하고 좁은 느낌이 들지만, 쉐어하우스는 대체로 큰 집이 많습니다. 거실, 주방 등 넓은 공용 공간을 이용할 수 있어 좀 더 여유로운 생활이 가능하죠. 또한, 생활에 필요한 가구를 비롯해 휴지, 쌀, 그릇 등의 소모품까지 구비되어 있는 경우가 많아 입주할 때 부담이 적습니다. 함께 거주하는 사람들이 있으므로 자취생활이 덜 외롭다는 것도 장점입니다. 그럼 단점은 무엇일까요?

함께 사는 사람들과 다툼이 생길 수 있습니다. 공용 공간의 청소는 누가 어떻게 할 것인지, 몇 시 이후부터 TV를 안 볼 것인지(생활 소음), 친구를 데려와도 되는지 등 사전에 룰을 명확하게 정해 놓지 않으면 세입자들끼리 분쟁이 생길 가능성이 매우 높습니다. 그리고 법적인 보호를 받을 수 없습니다. 현행법상 법인이 사업자 신고 후 운영하는 형태가 아니라면 모두 불법입니다. 따라서 보증금을 돌려받지 못하거나 기타 법적인 문제가 발생했을 때 법의 보호를 기대하기 어렵습니다. 마지막으로 사생활 보호가 안 됩니다. 여러 명이 같이 살면서 공용 공간을 사용하므로 사생활을 완벽하게 보호하기가 어렵습니다.

(2) 쉐어하우스, 어디서 찾을 수 있을까?

오피스텔, 빌라/주택과 달리 쉐어하우스는 공인 중개소에서 중개하지 않습니다. 아래 두 가지 방법으로 구할 수 있습니다.

① 플랫폼 활용하기

쉐어하우스를 전문으로 다루는 컴앤스테이, 쉐어하우스와 고시원 등 다양한 형태의 방을 찾을 수 있는 고방, 피터팬의 좋은 방 구하기 앱을 통해 매물을 찾을 수 있습니다. 특정 지역에 국한하지 않고 한 번에 많은 매물을 확인할 때 유용합니다. 단, 후기 확인이 어렵다는 점은 단점입니다.

▲ 왼쪽부터 컴앤스테이, 고방, 피터팬의 좋은 방 구하기

② 프랜차이즈 이용하기

프랜차이즈 형태로 운영되는 쉐어하우스를 찾아보는 것도 방법입니다. 대표적인 프랜차이즈로는 '우주', '쉐어니도', '동거동락'이 있습니다. 프랜차이즈 쉐어하우스의 경우, 개인이 운영하는 쉐어하우스에 비해 인테리어가 깔끔하고 관리가 잘 되어 있다는 장점이 있습니다. 홈페이지를 통해 지역, 성별, 인원 등으로 구분해 원하는 방을 빠르게 찾을 수 있고, 후기도 볼 수 있습니다. 반면, 지역

이 서울, 경기권으로 한정적이고 프랜차이즈 별로 매물을 확인해야 하는 번거로움이 있습니다. 프랜차이즈 쉐어하우스를 검색하면 바로 사이트가 나오지 않는 경우가 많습니다. 사이트를 방문하고 싶은 분들은 QR 코드를 통해 접속해 주세요.

▲ 우주, 쉐어니도, 동거동락 사이트 바로 가기

▲ 위쪽부터 우주, 쉐어니도, 동거동락

04 고시원 / 고시텔

길을 걷다 보면 상가 건물에 '고시원', '고시텔', '원룸텔'이라고 적힌 간판을 볼 수 있습니다. 이런 곳은(이하 고시원) 어떤 주거 형태일까요?

고시원은 상가 건물의 일부를 임대한 후, 해당 공간을 여러 개의 작은방으로 쪼개 만든 주거 형태입니다. 원래는 장기간 공부하는 사람을 위해 마련된 공간이지만 실제로는 다양한 사람들이 살고 있습니다.

(1) 고시원의 장단점

고시원의 장점은 여러 방면에서 비용을 절약할 수 있다는 점입니다. 고시원은 보증금이 없습니다. 있어도 매우 저렴하죠. 또 수도세, 전기세 등의 공과금이

나 기타 관리비가 없는 곳도 많습니다. 심지어 밥과 김치, 라면, 커피 등 기본적인 식사류를 제공하기도 합니다. 생활비까지도 아낄 수 있는 것이죠. 또한, 월 단위로 계약하기 때문에 장기간 입주에 대한 부담이 적습니다.

▲ 고시원/원룸텔의 내부모습(출처 : 크라우드픽)

단점은 방이 매우 좁다는 것입니다. 금액에 따라 다르지만, 대체로 1.5평, 2평 수준으로 작은 책상과 침대가 전부이며, 누워도 대자(大)로 손을 뻗지 못할 정도로 공간이 협소합니다(금액을 추가하면 작은 샤워실이 있는 방을 구할 수도 있지만 이 역시 매우 좁습니다). 많은 사람이 지내다 보니 소음이 자주 발생하고, 방이 다닥다닥 붙어 있어 방음이 잘되지 않습니다. 또 화장실, 주방 등을 공용으로 써야 하는 단점도 있습니다. 최근에는 프리미엄 고시원 등이 생겨나면서 고시원 간에도 차이가 크므로 잘 비교해 보고 들어가는 것이 좋습니다.

05 근린생활시설(상가)

근린생활시설은 쉽게 말해 장사를 할 수 있는 상가를 의미합니다. 상가 건물도 주거용 공간을 만들어 월세, 전세 등을 줄 수 있는데 가끔 상가에 있는 원룸들이 매물로 나올 때가 있습니다.

근린생활시설은 딱히 장점이 없습니다. 굳이 꼽자면 사람들이 선호하지 않아서 임대료가 저렴하다는 점인데, 이마저도 그렇지 않은 곳들이 많아 장점이라 말하기가 애매합니다. 반면 단점은 많습니다. 전입신고와 확정일자를 받는 것은 가능하지만 전세 대출이 불가능하고, 상가와 함께 있어 소음이 발생할 수 있습니다. 중개 보수도 주택 외 건물로 적용되어 2배 정도 더 비쌉니다. 종종 방을 쪼개서 운영하는 불법 개조 건물이 있는데, 이 경우 법적으로 보호받지 못할 수 있으니 주의가 필요합니다.

1분 요약

주거 형태	장점과 단점
오피스텔	교통 접근성이 좋고, 주차장이 있으며, 건물 관리가 잘 되어 깨끗하고 쾌적합니다. 대체로 옵션이 잘 갖춰져 있습니다. 다만, 월세와 관리비가 비싸고 환기가 잘 안된다는 단점이 있습니다.
빌라 / 주택	월세와 관리비가 저렴한 편입니다. 옵션은 천차만별이며, 골목에 위치해 있어 밤길이 어두울 수 있습니다.
쉐어하우스	보증금이 저렴하고 단기 계약이 가능합니다. 중개 보수를 아낄 수 있고, 공용 공간이 넓어 개방감이 있습니다. 또, 고립된 느낌이 덜합니다. 다만, 동거인들과 분쟁이 생길 수 있으며, 사생활 보호가 잘 안될 수 있습니다. 세입자로서 법적인 보호를 받기도 어렵습니다.
고시원 / 고시텔	보증금과 월세가 매우 저렴합니다. 식사가 제공되고 공과금을 따로 내지 않아 비용을 아낄 수 있습니다. 또, 단기 계약도 가능합니다. 다만, 방이 매우 좁고 소음에 취약합니다. 화장실과 주방을 함께 사용하는 것도 단점입니다.
상가	임대료가 저렴할 수 있지만, 중개 보수가 비싸고 법적으로 보호받지 못할 가능성이 존재합니다. 전세 대출 역시 나오지 않습니다.

03
비용 계획하는 법

빌라/주택 원룸에 살기로 결심한 철수. 공인 중개소에 방문해서 원룸을 구하려고 한다. 혼자 가기에는 조금 부담이 되어 민수에게 도움을 요청한다.

"형, 이번 주 주말에 혹시 시간 돼?"
"시간은 되는데 왜?"
"아, 나 원룸 알아보러 공인 중개소에 가보려고."
"너 비용 계획은 세웠어? 무작정 공인 중개소에 방문하면, 네 능력으로는 감당할 수 없는 집을 계약할 수도 있어."
"비용 계획? 그건 어떻게 세우는 건데?"
"비용 계획은 말이지…."

01 자취를 시작할 때 필요한 비용 세 가지

보증금 500만 원에 월세 40만 원짜리 원룸에서 자취를 시작한다면 얼마가 필요할까요? 보증금 500만 원과 매달 나가는 40만 원만 있으면 될까요? 그렇지 않습니다. 자취를 할 때는 월세 외에 들어가는 비용이 정말 많습니다. 집을 구하기 전에 비용 계획을 세워 두지 않으면 나중에 발생하는 여러 가지 비용에 많은 부담을 느끼게 됩니다.

비용은 크게 세 가지로 나눌 수 있습니다. 먼저, 딱 한 번만 발생하는 초기 비용이 있습니다. 그다음 살면서 매달 나가는 고정 비용이 있습니다. 마지막으로 추가적인 비용이 있습니다. 하나씩 살펴보겠습니다.

(1) 딱 한 번만 발생하는 초기 비용
① 보증금
첫 번째는 보증금입니다. 먼저, 월세 집을 구할지 전셋집을 구할지 정합니다. 보통 월세의 보증금은 몇백만 원 수준이고, 전세의 보증금은 몇천만 원 수준입니다. 그다음 보증금으로 지출 가능한 액수를 대략적으로 파악합니다. 집을 구하면서 생각이 바뀌거나 보증금 액수가 조정되는 경우가 있으므로 정확하게 계산하지 않아도 됩니다. 만약, 전셋집을 구할 거라면 부모님 등 주변 사람의 지원을 받을지, 전세 대출을 받을지에 대해서도 잘 생각해 봐야 합니다.

② 중개 보수
두 번째는 중개 보수입니다. 중개 보수도 적지 않은 비용이므로 미리 계산해 놓는 것이 좋습니다. 중개 보수는 네이버의 '부동산 중개 보수 계산기'를 이용하여 쉽게 계산할 수 있습니다.

▲ 네이버 중개 보수 계산기를 활용하면 대략적인 중개 보수 금액을 알 수 있다

참고로, 협의 보수율은 공인 중개사와 중개 보수율을 직접 협의한 경우에 입력하는 칸입니다. 사전에 협의가 없었다면 대부분 나라가 정한 보수 요율의 최대 금액을 지불합니다. 중개 보수 계산기에 보증금 500만 원, 월세 40만 원을 입력했더니 예상 중개 보수 금액이 165,000원으로 나오는 것을 확인할 수 있습니다. 이런 식으로 중개 보수를 미리 계산해 볼 수 있습니다.

③ 이사비

세 번째는 이사비입니다. 이사비는 대략 10~15만 원 정도이며, 계약한 다음 천천히 알아봐도 늦지 않습니다. 이사하는 방법에는 크게 세 가지가 있습니다.

a. 자가용 이용하기

부모님이나 친구 등 지인의 차를 이용해 이사하는 방법입니다. 이사 비용이 들어가지 않는다는 장점이 있습니다. 하지만 이사 후, 감사의 의미로 식사 대접을 하느라 오히려 더 많은 돈이 나갈 수 있습니다. 따라서 어떤 방법이 이사 비용을 아낄 수 있을지 잘 생각해 봐야 합니다.

b. 카 셰어링 또는 이사 앱 활용하기

카 셰어링 서비스를 이용할 수도 있습니다. 쏘카와 같은 카 셰어링 앱을 통해 차를 단기간 렌트해 이사하는 방법입니다. 운전이 가능하고, 큰 가구를 옮겨야 하는 것이 아니라면 승용차나 SUV 차로 충분히 이사가 가능합니다.

짐싸와 같은 이사 서비스를 제공하는 앱을 이용하는 것도 좋은 방법입니다. 스마트폰 카메라로 짐이 어느 정도인지 사진을 찍어 이사 견적을 받아 보고, 그 중 가장 마음에 드는 견적을 제시한 업체를 선택할 수 있습니다. 이사비는 원룸 기준으로 30~40만 원 수준이며, 투룸 이상인 경우에는 따로 견적을 받아야 합니다. 짐이 많아 사람과 차량이 더 있어야 하는 경우, 고층 집이어서 사다리차가 필요한 경우 가격이 올라갈 수 있습니다. 또 다른 이사 앱으로는 '모두이사'가 있습니다.

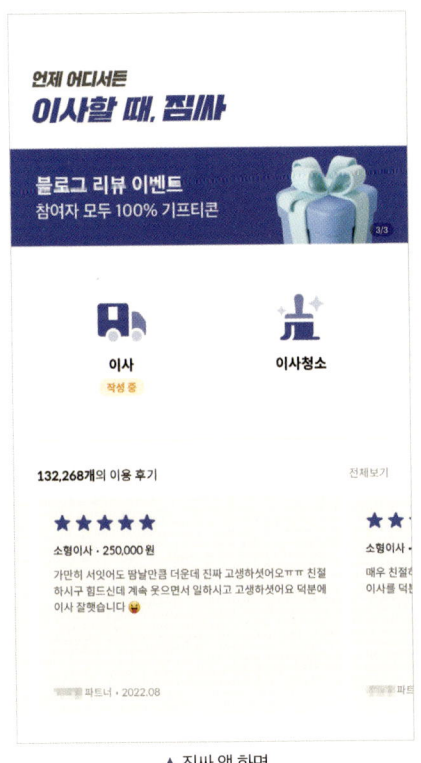

▲ 짐싸 앱 화면

c. 용달차 부르기

세 번째는 용달차 기사님을 부르는 방법입니다. 네이버 지도에서 '용달', '원룸 용달' 이런 식으로 검색하면 전화번호가 나옵니다. 용달차 기사님께 전화해서 비용을 문의하고 날짜를 잡으면 됩니다. 원룸 이사의 경우, 보통 1톤짜리 트럭을 빌리는 데 기본 5만 원 정도이고 이동 거리에 따라 추가 비용이 발생합니다. 참고로 용달차 기사님은 짐을 차로 올려주고 내려주는 역할만 합니다. 집까지 짐을 옮겨주길 원하면 별도의 비용을 지불해야 합니다. 비용은 5~10만 원 선이며 사전에 가격을 상의한 후 이용하는 것이 좋습니다.

(2) 살면서 매달 나가는 고정 비용

① 월세

첫 번째는 월세입니다. 월세는 최대치를 정해 놓고, 집을 보러 가기 전에 공인 중개사에게 알려주는 것이 좋습니다. 그래야 예산보다 비싼 집들을 보며 시간 낭비하는 일을 방지할 수 있습니다.

② 관리비

두 번째는 관리비입니다. 관리비는 건물을 관리하는 데 필요한 금액입니다. 엘리베이터 사용 요금, 쓰레기 수거, 복도와 계단 청소, 공용 공간의 전등 교체 등 건물을 관리하는 비용이 기본으로 포함되며, 경우에 따라서는 인터넷이나 인터넷 TV의 사용료가 포함되기도 합니다.

오피스텔의 경우, 다른 주거 형태에 비해 건물이 커 관리비가 더 많이 나옵니다. 관리비는 서울을 기준으로 보통 주택 5만 원, 오피스텔 10~15만 원 정도입니다.

③ 공과금

세 번째는 공과금입니다. 공과금은 수도세, 전기세, 난방비를 기본으로 합니다. 다만, 수도세만 관리비에 포함되고 전기세와 난방비는 사용한 만큼 내거나, 수도세와 난방비가 관리비에 포함되고 전기세는 따로 내는 등 집마다 납입 방식에 차이가 있으니 사전에 확인해야 합니다. 세부 내역은 '별도 금액으로 부과되는 사용료'를 통해 확인할 수 있습니다.

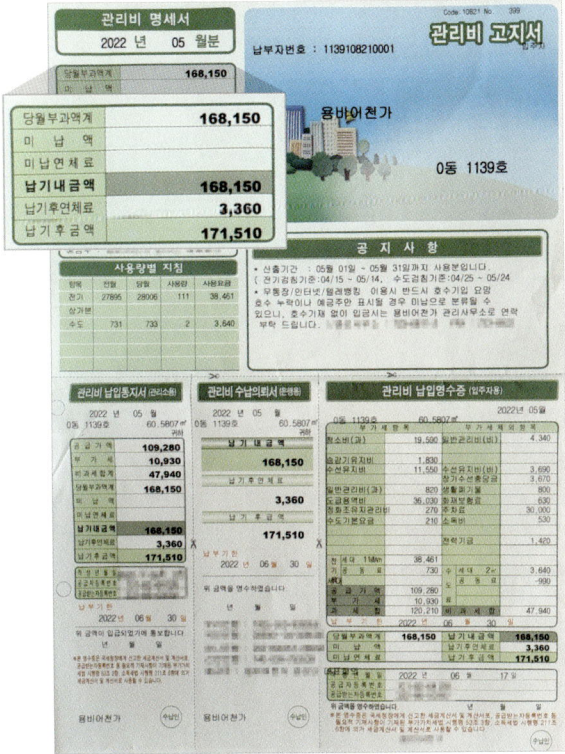

▲ 오피스텔 관리비

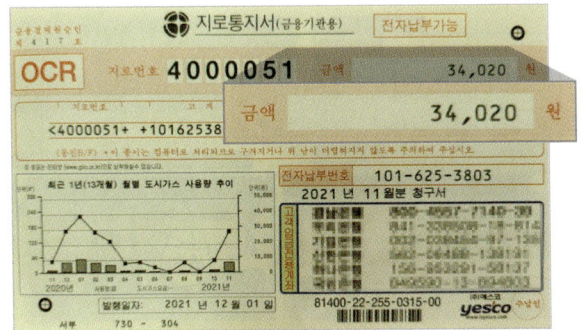

▲ 공과금 지로 통지서

Part 1. 나에게 꼭 맞는 원룸 구하기 - 월세 편 원룸에 혼자 살고 낮에 집을 비운다고 가정했을 때, 보통 한 달에 수도세 5천 원, 전기세 1만 원, 난방비 1만 원 정도를 예상하면 됩니다. 한여름 에어컨 사용 시 전기세는 기본 3만 원에서 최대 5만 원 정도 발생하고, 한겨울 난방 사용 시 난방비는 기본 3만 원에서 최대 5만 원 정도 발생합니다. 물론 이는 평균적인 비용이고 집마다 차이가 있습니다.

④ 식비와 생활비

네 번째는 식비와 생활비입니다. 자취를 시작하면 식비와 생활비에 많은 돈이 들어갑니다. 하루 식비로 얼마를 지출할 것인지를 비롯해 핸드폰 비용, 교통비, 용돈 등을 감안해 대략적인 비용을 파악합니다.

▲ 동네 마트에 진열된 식료품

(3) 추가적인 비용

① 인테리어 비용

자취가 처음이라면 새로운 집에 어울리는 침대, 매트리스, 침구류, 책장, 책상, 테이블, 상, 조명, 행거, 거울 등을 구매해야 합니다. 나에게 어떤 물건들이 필요할지 고민해 보고 구매에 필요한 예상 비용을 파악해 봅니다. 계약할 집의 옵션에 따라 구매 목록이 달라지므로, 처음에는 대략적인 금액만 정해 놓으면 됩니다.

▲ 인테리어가 잘 된 방(출처 : 123RF)

(4) 비용 총정리

　지금까지 비용 계획에 포함해야 할 모든 사항을 알아봤습니다. 예시를 통해 한 번 더 정리해 보겠습니다.

　보증금 1,000만 원, 월세 45만 원의 원룸으로 이사 간다고 가정해 봅시다. 일회성 비용은 보증금 1,000만 원, 중개 보수 22만 원, 이사비 15만 원, 인테리어비 50만 원까지 총 1,087만 원입니다. 물론 이 중 보증금 1,000만 원은 나중에 이사 갈 때 돌려받을 수 있습니다. 거주하면서 매달 나가는 비용은 월세 45만 원, 기본 관리비 5만 원, 공과금 3만 원, 식비 30만 원, 생활비 40만 원 해서 총 123만 원입니다. 정리하면, 일회성 비용은 1,087만 원, 매달 고정 비용은 123만 원입니다.

　이렇게 세부적으로 나눠 계산을 해보면 자취 비용을 한눈에 확인할 수 있습니다. 자취는 적지 않은 비용이 드는 일이기에 꼼꼼히 준비해 새는 돈을 막는 것이 중요합니다. 아래에 '자취 비용 계획표'를 활용해 자취 비용을 계산해 보세요. '자취 비용 계획표'는 QR코드로 다운로드할 수 있습니다.

	자취 비용 계획표	
일회성 지출	보증금	10,000,000
	중개 보수	220,000
	이사비	150,000
	인테리어 비용	500,000
	총비용	10,870,000
매달 고정 지출	월세	450,000
	기본 관리비	50,000
	공과금	30,000
	식비	300,000
	생활비	400,000
	총비용	1,230,000

자취를 한다면 처음에 1,087만 원이 필요하고, 매달 123만 원이 들어간다.

자취 비용 계획표		
일회성 지출	보증금	
	중개 부수	
	이사비	
	인테리어 비용	
	총비용	
매달 고정 지출	월세	
	기본 관리비	
	공과금	
	식비	
	생활비	
	총비용	

자취를 한다면 처음에 _____ 만 원이 필요하고, 매달 _____ 만 원이 들어간다.

04
라이프 스타일을 고려한 위치 정하기

자취 비용 계산까지 마친 철수. 빨리 방을 구하고 싶어 마음이 급하다.

"이제 공인 중개사를 찾아가면 되는 거지?"
"아직 안 돼. 어떤 집을 선호하는지 정확히 말을 해주지 않으면, 공인 중개사도 너에게 딱 맞는 집을 보여주기가 어려워. 선호하는 위치나 중요하게 생각하는 조건들을 최대한 자세히 말해줘야 해. 넌 어떤 집에 살고 싶어?"
"나는 교통이 편리하고, 주변에 편의시설이 많았으면 좋겠어."
"그럼 먼저 그 조건에 맞는 지역을 찾아야 해. 네이버 지도를 활용하면 쉽게 찾을 수 있어. 같이 지도를 보면서 위치를 선정해 볼까?"

01 공인 중개사는 고객의 라이프 스타일을 모른다

보통 자취방을 처음 구하는 사람은 살고 싶은 곳을 대충 정해서 공인 중개사에게 알려준 다음, 공인 중개사가 보여주는 방 중에 하나를 덜컥 계약해버립니다. 이렇게 지역 파악이 전혀 안 된 상태로 섣부르게 계약을 체결하면 문제가 생깁니다. 이사 후 일주일만 지나도 '아, 내가 엄한 곳에 집을 구했구나'라는 생각과 함께 후회가 밀려오죠. 왜 이런 일이 생기는 걸까요? 여러분이 공인 중개사에게 원하는 집의 조건을 구체적으로 알려주지 않았기 때문입니다.

공인 중개사는 여러분이 말한 금액과 대략적인 동네 위치를 기준으로 집을 소개합니다. 하지만 우리가 오랫동안 살아야 할 집을 그렇게 단순한 기준으로 결정해선 안 됩니다. 집 근처에 출퇴근을 위한 지하철역, 버스 정류장이 있는지, 옷을 맡길 세탁소와 24시간 편의점이 있는지, 휴식과 힐링을 위한 음식점이나 카페가 있는지 등 다양한 상황에 대한 고려가 필요합니다.

안타깝게도 공인 중개사는 우리의 삶에서 무엇이 중요한지 생각해 줄 여유가 없습니다. 따라서 원하는 집을 찾기 위해서는 스스로 어떤 라이프 스타일을 선호하는지 고민해 보고 공인 중개사에게 아주 구체적으로 말해줘야 합니다. 그래야 공인 중개사가 요구 조건에 맞는 집을 찾아 줄 수 있습니다.

02 나의 라이프 스타일을 떠올려 보자

(1) 우선순위 정하기

정답은 여러분에게 있습니다. 자신이 평소에 어떤 하루를 보내는지 생각해

본 후, 라이프 스타일에 맞춰 우선순위와 집의 위치를 정합니다. 집의 위치를 결정할 때 고려해 볼 조건은 다음과 같습니다.

- ☑ 직장, 학교와 가까운지
- ☑ 교통이 편리한지
- ☑ 카페, 음식점이 충분한지
- ☑ 공원, 체육관, 헬스장 등 편의시설이 있는지
- ☑ 대형마트, 백화점, 영화관, 서점 등 문화시설이 있는지

첫 번째는 직장과 학교가 가까운지를 확인하는 것입니다. 직장과 학교 근처에 거주지를 선정하면, 이동시간과 교통비를 절약할 수 있습니다.

두 번째는 교통이 편리한지를 확인하는 것입니다. 집 주변에 버스 정류장이 어떻게 분포되어 있는지, 지하철역은 어디에 있는지를 파악합니다. 역세권이면 좋겠지만, 임대료가 비싸서 부담될 수 있으니 필수 요소는 아닙니다. 거쳐 가는 마을버스의 경로를 확인하고, 근처에 집을 구하는 것도 좋은 방법입니다.

세 번째는 카페나 음식점을 확인하는 것입니다. 공부를 하거나 손님이 자주 온다면 근처에 카페가 있는 것이 좋습니다. 또, 주변에 다양한 음식점이 있으면 외식을 할 때 편리합니다.

네 번째는 답답한 집에서 나와 산책할 수 있는 공원이나 건강을 위한 헬스장, 체육관 등이 근처에 있는지 확인하는 것입니다.

마지막으로 복합 문화시설을 확인합니다. 집 근처에 대형마트, 백화점, 쇼핑몰, 영화관 등이 있으면 생활이 훨씬 윤택해집니다.

앞서 살펴본 다섯 가지 조건들의 우선순위를 정해 보세요. 물론 상황에 따라 일부 조건을 수정하거나 포기해야 하는 경우가 생길 수 있습니다. 주어진 예산 범위 내에서 조건들을 잘 취사선택한다면, 훨씬 만족스러운 결정을 내릴 수 있을 것입니다.

(2) 지도에서 위치 파악하기

우선순위를 정했다면, 네이버 지도를 활용해 편의점, 음식점, 카페, 버스 정류장, 지하철역, 공원 등의 위치를 확인합니다. 이를 토대로 원하는 조건을 충족하는 동네를 파악합니다.

▲ 네이버 지도를 활용해 원하는 조건을 찾을 수 있다

(3) 공인 중개사에게 말하기

    살고 싶은 곳을 정했다면, 랜드마크를 찾아야 합니다. 랜드마크란 학교, 관공서와 같이 해당 지역을 대표하는 건물을 의미합니다. 살고 싶은 곳과 랜드마크를 함께 이야기하면 공인 중개사가 보다 정확한 위치를 파악해 방을 보여줄 수 있습니다.

05
온라인에서 매물을 찾는 방법

선호하는 지역을 파악한 철수는 이제 매물을 찾으려 한다. 그런데, 어떻게 매물을 찾아야 할지 고민된다.

"형, 살고 싶은 동네를 정했는데 매물은 어떻게 찾는 거야? 근처에 있는 공인 중개소에 가면 되는 거야?"
"그래도 되지만, 미리 온라인을 통해 매물을 찾아보는 게 좋아. 살고 싶은 동네에 원하는 매물이 없는 경우도 있거든. 그 지역에 어떤 매물이 얼마나 나와 있는지 미리 알아보면 헛걸음하지 않을 수 있어."
"온라인에서는 어떻게 찾을 수 있어? 그냥 인터넷에 검색하면 돼?"
"네이버 부동산, 직방, 다방과 같은 플랫폼에서 찾으면 돼. 각각 장단점이 있어."

01 온라인에서 매물을 찾는 방법

매물이 올라와 있는 여러 플랫폼이 있습니다. 하나씩 살펴볼까요?

(1) 직방

2012년에 출시된 부동산 앱으로 다운로드와 이용자 수에서 모두 1위를 차지하고 있습니다. 지역이나 지하철역을 검색하여 방을 찾을 수 있고, 월세와 보증금, 관리비, 옵션 등 기본적인 매물 정보를 확인할 수 있습니다.

(2) 다방

2013년에 출시된 부동산 앱으로, 직방 다음으로 인기가 많습니다. 지도에 지역을 검색해 직접 방을 찾을 수 있고, 매물을 추천받을 수도 있습니다. 기본적인 매물 정보와 함께 주변 편의시설, 안전시설, 학군 정보 등을 제공합니다.

(3) 피터팬의 좋은 방 구하기

국내 최대 부동산 커뮤니티 '피터팬의 좋은 방 구하기'에서 2014년에 출시한 앱으로 현재까지 100만 이상의 누적 다운로드를 기록하고 있습니다. 지도에 지역을 검색하여 방을 찾을 수 있으며, 직거래 혹은 Z 회원권을 통해 중개 보수를 할인받을 수 있습니다.

(4) 네이버 부동산 앱

2012년 출시된 후 현재까지 100만 다운로드를 기록한 앱입니다. 지도에 지역명을 검색하여 방을 찾을 수 있고, 기본적인 매물 정보와 함께 건축물대상, 중개 보수, 주변 편의시설과 대중교통 정보 등을 확인할 수 있습니다.

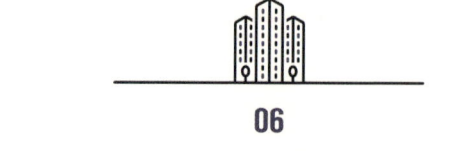

06
어려운 부동산 용어 이해하기

민수가 알려준 대로 부동산 플랫폼에서 매물을 알아보던 철수. 그런데 모르는 용어들이 쏟아져 나온다. 방 구하기가 이렇게 어렵다니.

"형, 공급 면적이랑 전용 면적이랑 어떻게 달라? 플랫폼을 보니까 모르는 용어들이 너무 많이 나오더라고."
"처음 보면 어려울 수 있지. 지금부터 하나씩 설명해 줄게."

01 부동산 용어 이해하기

다방 앱을 바탕으로 부동산 용어들을 하나씩 알아보도록 하겠습니다.

(1) 용어 이해하기

① 신축 / 준신축 / 구축

먼저 '신축급'이라는 단어가 눈에 들어오네요. 이를 통해 우리는 건물이 얼마나 오래되었는지를 알 수 있습니다. 신축은 5~10년 이내 지어진 누가 봐도 새 건물인 집을 의미합니다. 준신축은 10~20년 이내 지어진 건물을 의미합니다. 정확한 기준이 있는 건 아니고, 꽤 오래됐지만 깔끔해 보이는 집을 준신축이라고 표현합니다. 구축은 20~40년 이내 지어진 누가 봐도 오래된 건물을 의미합니다. 현재 매물 정보가 신축인 걸로 보아 5~10년 이내 지어진 건물임을 알 수 있습니다.

② 월세

월세에 적혀 있는 300/30에서 300만 원은 입주할 때 내야 하는 보증금이고, 30만 원은 매달 내야 하는 임대료입니다.

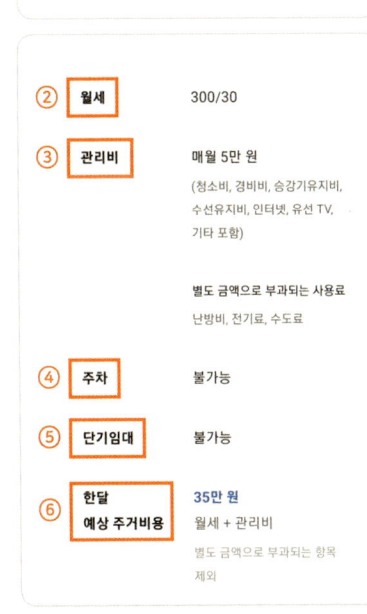

③ 관리비 및 공과금

관리비는 건물을 관리하는 데 필요한 금액입니다. 보통 5~15만 원으로 높은 금액대는 아니지만, 고정 지출이므로 꼼꼼히 확인해 보는 것이 좋습니다. 공과금에는 난방비, 전기세, 수도세, 가스 사용료가 있습니다. 세부 내역은 '별도 금액으로 부과되는 사용료'를 통해 확인할 수 있습니다.

④ 주차

주차는 자가용을 주차할 수 있는 공간으로, 차가 있다면 반드시 확인해야 합니다.

⑤ 단기 임대

단기 임대는 1~12개월 단위의 임대가 가능한지 나타냅니다. 1~2년의 보편적인 임대 계약이 부담될 경우, 단기 임대가 가능한 매물을 찾으면 됩니다.

⑥ 한 달 예상 주거비용

한 달 예상 주거비용은 월세와 관리비를 합한 금액입니다. 해당 집에 거주하면서 매달 지출하게 될 고정비를 보여줍니다. 여기에 공과금까지 더하면 더 정확한 계산이 가능합니다.

⑦ 방 종류

방 종류는 방을 구조에 따라 구분한 것으로 대표적으로 원룸과 1.5룸 그리고 복층이 있습니

⑦ 방종류	원룸(주방 분리형(1.5룸))
해당층/건물층	반지층 / 3층

다. 먼저, 원룸은 방과 주방의 구분이 없는 방을 말합니다. 한 방에서 모든 것이 이루어지므로 음식 냄새와 세탁기 소음 등 생활에 불편함이 있습니다. 반면 주방 분리형(1.5룸)은 미닫이문 등으로 방과 주방을 분리한 원룸으로 냄새와 소음을 어느 정도 차단할 수 있다는 장점이 있습니다.

▲ 가운데 미닫이문이 있는 1.5룸(출처 : 건대 친절한 부동산)과 복층으로 된 오피스텔

복층은 집 내부에 층을 하나 더 만든 구조로 주로 오피스텔에 있습니다. 복층 공간이 있어 일반 원룸 오피스텔에 비해 공간 활용도가 우수합니다. 그리고 층고가 높아 개방감이 느껴지고 보기에도 좋습니다. 반면, 냉난방이 복층으로 잘 전달되지 않아 여름에 덥고 겨울에 춥습니다. 또, 계단을 오르락내리락하기 번거롭고 복층의 층고가 낮아서 허리를 세우고 있기가 어렵다는 단점이 있습니다.

⑧ 전용 면적 / 공급 면적

보통 집을 구할 때, '평'을 단위로 많이 쓰는데, 정보는 면적으로 나와 있어서 헷갈립니다. 1평이 3.3㎡ 이므로, 면적을 3.3

으로 나누면 대략적인 평수가 나옵니다. 예를 들어, 면적이 16.5m²라면 5평이 된다는 이야기입니다. 그런데 면적을 보니, 전용 면적과 공급 면적이 따로 나와 있습니다. 어떤 차이가 있는 걸까요?

전용 면적은 현관문을 열고 들어가서 실질적으로 사용하는 방, 거실, 주방, 화장실 등을 모두 포함한 넓이를 말합니다. 가장 의미 있는 숫자로 월세로 살 거라면 이것만 봐도 무방합니다. 공급 면적은 전용 면적에 아파트 계단, 복도 등 다른 세대와 공동으로 사용하는 '주거 공용 면적'을 합한 것입니다. 즉, 건물 내에서 사용할 수 있는 모든 공간을 의미합니다.

⑨ 방향

방향은 메인 창문이 바라보고 있는 방향을 의미하며, 일반적으로 동서남북으로 표현합니다. 선호하는 방향은 개인에 따라 다를 수 있으니 본인의 라이프 스타일을 잘 고려해 보길 바랍니다.

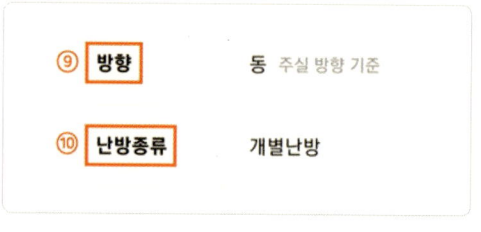

일반적으로 남향에 대한 선호도가 가장 높습니다. 남향은 사시사철 햇빛이 잘 들어와서 밝고, 겨울에 특히 따뜻합니다.

동향은 아침에 햇빛이 잘 들어오기 때문에 하루를 일찍 시작하는 사람에게 좋습니다. 하지만 오후에 하루를 시작하는 사람이라면 암막 커튼이 필요할 수도 있습니다.

서향은 오후에 햇빛이 잘 들어옵니다. 오전에는 햇빛이 잘 들어오지 않아 하루를 늦게 시작하는 사람에게 적합합니다. 다만, 여름에는 오후 내내 해가 들어와서 많이 더울 수 있고, 경우에 따라 암막 커튼이 필요할 수도 있습니다.

북향은 사시사철 햇빛이 잘 들지 않아 선호도가 가장 낮지만, 그렇다고 빛이 아예 안 들어오는 것은 아닙니다. 간접 채광이 있어 어둡진 않습니다. 여름에 시원하다는 장점이 있지만, 겨울에는 해가 들지 않아 상대적으로 난방비가 많이 나올 수 있습니다. 또한, 습도가 높아 빨래가 잘 마르지 않고 곰팡이가 필 수 있습니다.

⑩ 난방 종류

난방 종류에는 개별난방, 중앙난방, 지역난방이 있습니다. 먼저, 개별난방은 세대별로 보일러를 설치해 난방을 공급하는 방식으로 대부분의 주택에서 사용합니다. 개인의 취향에 맞게 난방 조절이 가능하지만, 별도의 보일러실이 필요하고 소음이 발생한다는 단점이 있습니다.

중앙난방은 단지나 건물 내부에 설치된 대형 보일러실에서 난방과 온수를 일괄 공급하는 방식으로 보통 오래된 아파트에서 사용합니다. 개인적인 유지 관리가 필요 없어 편리하지만, 온도를 조절할 수 없고 고장이 발생하면 아파트 전체적으로 열 공급이 중단된다는 단점이 있습니다.

지역난방은 지역의 대형 열 병합 발전소에서 아파트로 보낸 온수를 이용해 난방을 돌리는 방식으로 신도시의 대단지 아파트에서 주로 사용합니다. 열효율이 높아 난방비가 저렴하지만, 여름철에는 대부분 온수 공급을 중단하기 때문에 보일러 사용이 어렵다는 단점이 있습니다.

⑪ 빌트인

빌트인은 가구나 가전제품이 건물에 내장된 인테리어 방식을 말합니다. 냉장고, 싱크대, 세탁기, 옷장 등이 빌트인 되면 공간 절약이 가능하고, 보기에도 깔끔합니다.

▲ 빌트인 방식으로 내장된 냉장고
(출처 : 가구 - 다공다미, 인테리어 - 아이디어빌)

⑫ 입주 가능일

입주 가능일은 이사할 수 있는 날을 의미합니다. 공실인 경우에는 언제든지 이사할 수 있고, 이전 세입자가 살고 있는 경우에는 집주인과 협의하여 이사 날짜를 정해야 합니다.

⑬ 주 용도

주 용도는 건물의 사용 용도를 말하며 공동주택, 단독주택, 업무시설, 제2종 근린생활시설 등으로 나뉩니다. 대부분의 용도는 주택이기 때문에 '아파트', '주택', '빌라' 등의 단어가 있으면 특별히 문제되지 않습니다. 하지만, '업무시설', '근린생활시설' 등의 단어가 있으면 주거용 건물이 아닙니다. 이런 경우, 전입신고가 불가능해 보증금을 잃을 수 있고, 중개 보수에도 차이가 있으니 주의해야 합니다.

⑭ 사용 승인일

사용 승인일은 건물의 사용 허가를 받은 날짜입니다. 보통 건축이 완료된 시점에 승인이 남으로 이를 통해 건물이 얼마나 오래되었는지를 가늠할 수 있습니다.

⑮ 옵션

옵션은 생활에 필요한 가구나 가전제품의 구비 여부를 의미합니다. 집마다 옵션에 차이가 있으니 꼼꼼히 확인하는 것이 좋습니다.

보통 세탁기, 에어컨, 인덕션(가스레인지), 옷장, 냉장고를 모두 갖추고 있으면 풀옵션이라 합니다. 다만, 풀옵션에 대한 명확한 기준이 없기 때문에 세부 내역 확인이 필요합니다.

07
온라인 허위 매물에 속지 않는 방법

민수가 알려준 부동산 앱을 살펴보던 철수는 저렴하면서도 인테리어가 예쁜 집을 발견해 마음이 급해졌다.

"형, 앱을 보다가 조건이 좋은 집을 찾았는데 다른 사람들이 먼저 계약하기 전에 빨리 연락해야 하는 거 아니야?"
"너 거기 올라온 매물들이 실제로도 있을 것 같아?"
"그럼?"
"온라인 매물 중에는 허위 매물이 많아. 그래서 대략적인 것들만 보는 게 좋아. 어떤 것을 위주로 봐야 하는지 알려 줄게."

01. 온라인에 있는 매물이 실제로도 있을까?

(1) 부동산 플랫폼의 두 얼굴

앞에서 매물을 찾을 수 있는 부동산 앱 네 가지를 소개했습니다. 앱을 이용하면 다양한 정보를 쉽게 얻을 수 있어 매물 찾기가 수월했는데요, 과연 편리한 만큼 신빙성도 높을까요?

(2) 허위 매물이란?

허위 매물이란 방의 위치나 가격, 내부 구조 등 세부 사항을 실제와 다르게 기재한 것으로, 소위 '가짜' 매물을 말합니다. 기재된 것과 평수가 다르거나 주소지와 실제 위치가 다른 경우 등이 모두 허위 매물에 해당합니다. 왜 허위 매물이 올라오는 걸까요? 이유는 크게 두 가지가 있습니다. 첫 번째는 의도적으로 올리는 경우입니다. 허위 매물을 미끼로 손님을 오게 만들고, 손님이 오면 다른 방을 소개해 주는 공인 중개사의 영업 수법이죠. 실제로 이렇게 영업하는 공인 중개사들이 있습니다. 두 번째는 실수로 올리는 경우입니다. 사람이 하는 일인 만큼 보증금, 월세 정보 등을 입력하는 과정에서 오타가 날 수 있습니다. 이유야 어찌 됐건, 온라인에는 허위 매물이 있기 때문에 맹신하지 않도록 주의해야 합니다.

Part 1. 나에게 꼭 맞는 원룸 구하기 - 월세 편

(3) 원룸에 허위 매물이 많은 이유

전세나 매매에 비해 원룸은 유독 허위 매물이 많습니다. 왜 그런 걸까요? 원룸은 계약 기간이 짧고 보증금이 저렴해 항상 수요가 많습니다. 수요가 많은 만큼 공인 중개소끼리 경쟁이 치열하고, 세입자가 들어갔다 나가는 회전 속도 역시 빠르죠. 공인 중개소 입장에서는 수많은 원룸의 정보를 하나하나 정성스럽게 업로드하는 것이 쉽지 않습니다. 시간을 들여 업로드를 한다 해도 계약이 체결되면 바로 내려야 합니다. 여간 번거로운 일이 아니죠. 심지어 내가 올린 매물을 다른 공인 중개소에서 채 가는 일이 빈번하게 일어납니다. 거기다 원룸은 중개 보수도 낮기 때문에 공인 중개소 입장에서는 원룸 정보를 성실하게 업로드할 이유가 없습니다. 그래서 공인 중개소에서는 고객을 이끌 수 있는 미끼로 예쁜 방 하나를 저렴한 가격에 올려놓고, 고객이 오면 다른 방을 보여주는 영업 방식을 사용합니다. 이런 이유로 원룸 중에는 허위 매물이 생각보다 많습니다. 그렇다면, 온라인으로 원룸을 볼 때는 무엇을 확인하는 게 좋을까요?

02 온라인으로는 대략적인 것들만 보자

(1) 온라인으로 매물을 볼 때 확인할 것들

① 원룸이 분포해 있는 위치

먼저, 원룸이 어떤 동네에 밀집되어 있는지 파악해야 합니다. 살고 싶은 동네에 원룸이 없을 수 있습니다. 반대로 선호하지 않는 지역에 원룸이 밀집해 있을 수도 있죠. 따라서 살고 싶은 동네에 원룸이 얼마나 있는지 확인해 보고, 없다면 차선책으로 어떤 동네에 집을 구할지 생각해 봐야 합니다.

▲ 원룸 밀집 지역 확인하기(출처 : 직방)

② 평균적인 시세

선호하는 동네의 매물들을 살펴보며 평균적인 보증금과 월세 수준을 파악합니다. 다른 매물에 비해 깨끗하고 예뻐 보이는데 월등하게 저렴하다면 허위 매물일 가능성이 높습니다. 반대로 상태가 별로 안 좋아 보이는 매물은 실제 매물일 가능성이 큽니다. 참고로, 공인 중개소에서는 임대료를 평균보다 저렴하게 내놔야 연락을 많이 받을 수 있습니다. 그래서 매물을 보러 가면 온라인에 비해 가격이 5~10만 원 정도 높은 경우가 종종 발생합니다. 이를 감안하여 대략적인 시세를 파악하면 됩니다.

③ 평수, 옵션 수준, 관리비 수준

먼저 평수를 파악합니다. 해당 지역의 원룸들이 대체로 몇 평인지 확인하면 됩니다. 그다음 옵션 수준을 파악합니다. 내 생활에 필수적인 것들 위주로 여러 매물을 살펴보며 해당 지역 원룸들의 옵션 수준이 어느 정도인지를 확인합니다. 마지막으로 관리비를 파악합니다. 보통 원룸은 5만 원 정도, 오피스텔은 10~15만 원 정도이지만 동네에 따라, 건물에 따라 차이가 있습니다. 해당 지역 원룸들의 대략적인 관리비 수준을 확인하면 됩니다.

08
오프라인 발품으로 알짜배기 자취방 찾기

온라인에서 매물의 대략적인 시세와 위치 등을 파악했으니, 이제 오프라인에서 발품을 팔 차례이다.

'공인 중개소에 미리 예약을 하고 가야 하는 건가?'
'공인 중개소를 한 군데만 가면 되나? 여러 곳을 가야 할까?'
'중개 보수가 부담스러운데 공인 중개사 없이 집주인이랑 바로 거래를 할 수도 있을까?'

공인 중개소 방문이 처음인 철수는 전화하는 것부터 시작해 모르는 게 너무 많아 걱정이다. 결국 이번에도 민수의 도움을 받기로 한다.

"형, 나 공인 중개소는 처음이라서…."

01 초보들이 많이 하는 실수

(1) 과연 온라인 매물이 전부일까?

자취방을 처음 구하는 사회 초년생은 부동산 플랫폼에 지나치게 의존합니다. 하지만, 플랫폼에 모든 매물이 다 올라오는 건 아닙니다. 실제로 플랫폼에 올라오지 않은 매물들이 많고, 오히려 오프라인에 더 좋은 방이 있는 경우도 있습니다. 따라서 방을 구할 때는 꼭 직접 가서 봐야 합니다.

(2) 공인 중개사 한 명하고만….

대부분의 공인 중개소는 옆 동네, 옆 옆 동네까지 넓은 지역에 걸쳐 많은 매물을 가지고 있습니다. 하지만, 공인 중개소 한 곳에서 모든 매물을 취급하는 것은 아닙니다. 공인 중개소마다 가지고 있는 매물이 제각각입니다.

예를 들어 공인 중개소 한곳에 전화해서 "사장님, 자취방 구하고 있는데 신림역 근처에 방 좀 있을까요?"라고 물어보면 실제로는 매물이 있음에도 불구하고 "에이~ 그쪽엔 방이 나온 게 하나도 없어요. 안쪽 동네로 좀 들어가야 있지. 그러지 말고 한번 오세요. 원룸 여러 개 보여드릴게요."라는 답변을 들을 수 있습니다.

이는 공인 중개사가 거짓말하는 것이 아니라 해당 위치 혹은 해당 금액대의 매물을 자신이 가지고 있지 않다는 의미입니다. 따라서 여러 곳의 공인 중개소에 전화해 원하는 매물이 있는지 확인해야 합니다. 이때 원하는 매물에서 가장 가까운 공인 중개소부터 연락하는 것도 좋은 방법입니다. 집주인 입장에서는 여러 곳에 집을 내놓는 것이 번거롭습니다. 그래서 집 근처의 믿을 만한 공인 중개소 한 곳에만 집을 맡기는 경우가 많죠. 즉, 여러분이 원하는 매물은 가장 가까운 공인 중개소에서 가지고 있을 확률이 높습니다.

(3) 매물은 공인 중개사만 가지고 있는 걸까?

집을 구할 때, 공인 중개사에게만 의지하면 안 됩니다. 10명의 공인 중개사가 "그 동네에 그런 방은 없어요."라고 해도 막상 가보면 집주인이 집 앞에 '월세방 있어요'라고 방 정보와 전화번호가 적힌 종이를 붙여 놓은 것을 볼 수 있습니다. 해당 번호로 연락을 하면, 집주인이 나와서 집을 보여줍니다. 공인 중개사 없이 편하게 집을 볼 수 있어 부담도 덜합니다.

다만, 공인 중개사 없이 거래하면 위험에 노출될 수 있습니다. 특히 사회 초년생은 계약서 작성에 서투르기 때문에 계약 내용이 불공정하거나 잘못되어도 잘 모르고 덥석 계약할 가능성이 높습니다. 따라서 아직 방을 구해본 경험이 적고, 혹시 모를 리스크가 걱정된다면 공인 중개사를 통해 집을 구하는 것이 더 좋은 방법이 될 수 있습니다.

02 공인 중개소에 전화하는 요령

(1) 원하는 조건 구체적으로 말하기

가끔 미용실에서 "깔끔하게 잘라주세요."라고 말하는 사람을 볼 수 있습니다. 이때, '깔끔하게'의 기준은 무엇일까요? 만약, 미용사와 고객의 기준이 다르다면 고객은 실망하고 미용사는 고객을 잃게 될 것입니다. 이런 일을 방지하기 위해서는 고객이 먼저 원하는 것을 구체적으로 말해야 합니다. 그래야만 미용사가 고객이 원하는 스타일로 맞춰 자를 수 있습니다.

집을 구할 때도 마찬가지입니다. 공인 중개사에게 원하는 집을 구체적으로 말해야 합니다. "신림역 근처 500/40 정도 생각하고 있는데 방 있나요?"라고 얘기하면 마음에 들지 않는 매물도 함께 보게 됩니다. 그렇다면, 어떻게 말해야 할까요?

첫 번째로 방의 개수를 말합니다. 방 하나로 충분하다면 원룸을 구한다고 말씀하시면 됩니다.

두 번째로 원하는 위치를 구체적으로 말해야 합니다. 여러분이 위치를 특정해주지 않으면 공인 중개사는 넓은 범위의 집들을 모두 보여줄 수밖에 없습니다. 그러면 원치 않는 동네의 집들을 보느라 공인 중개사도 우리도 시간을 낭비하게 됩니다. 네이버 지도를 통해 파악한 선호 동네의 랜드마크를 알려주고, 그 주위 매물만 보여 달라고 하면 됩니다. 예를 들면 다음과 같습니다.

"신림역 도보 5분 이내로만 찾아봐 주세요."

"에이치플러스 양지병원 근처로 구해주세요."

세 번째로 관리비와 공과금을 포함한 가격의 한계를 정확하게 알려야 합니다. 공인 중개사에게 금액을 딱 잘라서 말하면 그 금액 내에서만 방을 구해줍니다. 상황에 휩쓸려 계획한 비용을 초과해 계약하는 것을 방지할 수 있습니다. 물론, 금전적인 여유가 된다면 가격 범위를 넓게 잡고 많은 매물을 본 다음 가장 마음에 드는 곳을 선택하면 됩니다.

마지막으로, 추가 조건을 말합니다. 예를 들면 햇빛이 들어오는 방, TV가 설치된 방, 책상이 있는 방, 침대가 있는 방 등이 있습니다. 추가 조건이 떠오르지 않거나 자취를 해보지 않아서 잘 모르겠다면 일단 생략하고 나중에 방을 직접 볼 때 말해도 됩니다.

(2) 공인 중개소에 연락하는 방법

공인 중개소에 연락하는 방법은 두 가지가 있습니다.

① 전화하기

첫 번째 방법은 전화입니다. 네이버 지도에 알아볼 동네 + 공인 중개(ex. 혜화 공인 중개)를 검색하면 여러 공인 중개소가 나옵니다. 그중 원하는 곳에 먼저 전화를 하면 됩니다. 일반적인 주택가 원룸을 구할 때는 다음과 같이 말씀하시면 됩니다.

"안녕하세요, 사장님. 원룸 구하고 있어서 연락드렸습니다. 보증금은 최대 500만 원까지 가능하고 월세와 관리비는 합쳐서 50만 원 아래면 좋겠습니다. 신림역에서 도보 10분 거리에 있는 햇빛이 잘 드는 집으로 소개 부탁드립니다."

오피스텔은 비싸지만 구하기 쉬운 편입니다. 한 건물에 많은 원룸이 모여 있고 지도에 건물이 나와 있기 때문에 간단하게 물어보면 됩니다.

"사장님 구로역에 신도림 포스빌 건물 오피스텔 원룸 있나요? 월세랑 관리비는 얼마인가요?"

원하는 조건의 매물을 구하기 위해서는 여러 공인 중개소에 전화를 해야 하는데, 이런 번거로움을 줄일 수 있는 방법이 있습니다. 바로 문자를 보내는 것입니다.

② 문자 보내기
한 명 한 명에게 원하는 조건을 다 설명하려면 귀찮고 힘듭니다. 하지만, 단체 문자 기능을 활용하면 번거로움을 줄일 수 있습니다.

애초에 부동산에 전화해서 바로 이렇게 말합니다.

 "안녕하세요, 사장님. 원룸을 구하려고 하는데 문자로 조건을 보내드릴게요. 전화번호 좀 알려주세요."

이런 방식으로 전화번호를 5~10개 정도 수집합니다. 그리고 단체 문자를 보내면 얼마 지나지 않아서 보여줄 매물이 있다면서 전화들이 옵니다. 그중 마음에 드는 공인 중개사와 약속을 잡으면 됩니다.

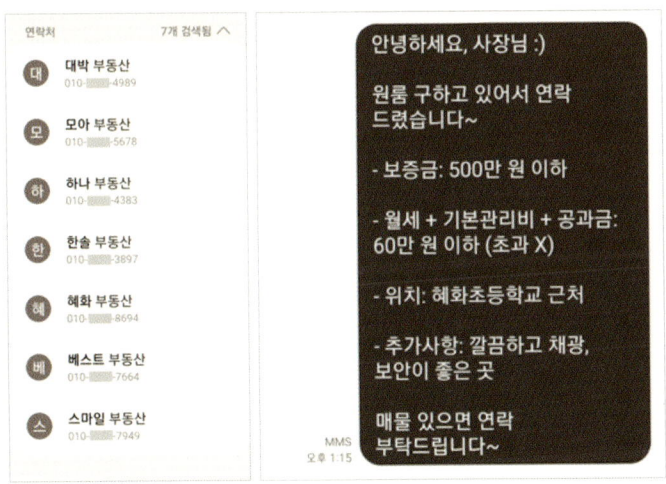

▲ 공인 중개사에게 문자 보내기

(3) 공인 중개사와 약속 잡기

수많은 공인 중개사 중 어떤 사람을 선택해야 할까요? 정답은 친절한 중개사입니다. 목소리 톤이 시크하거나 대답을 건성으로 하는 분들은 될 수 있으면 피해야 합니다. 이런 중개사는 여러분에게 관심도 적고, 설명도 불친절할 가능성이 높습니다. 집 구하는 과정을 진심으로 도와줄 만한 사람을 만나야 합니다. 전화할 때, 친절한 목소리와 경청하는 태도를 가진 중개사인지 파악해 보세요.

공인 중개사를 선택했다면, 이제 약속을 잡을 차례입니다. 약속 없이 방문하면 공인 중개사가 다른 손님을 상대하고 있거나 업무로 바빠 함께 방을 보러 가지 못할 수 있습니다. 따라서 서로 시간을 협의하고 그 시간에 맞춰 방문하는 것이 좋습니다. 또, 공인 중개소 한 곳과 매물을 보러 다니는 것보다는 하루 날을 잡아 여러 공인 중개소와 최대한 많은 매물을 보는 것이 좋습니다. 주말일 경우, 1시간 정도 간격을 두고 2~3명의 공인 중개사와 약속을 하세요. 토요일에 신림역 근처 집을 볼 예정이라면 2시에 행복 부동산, 3시에 모아 부동산, 4시에 대박 부동산 이런 식으로 약속을 잡으면 됩니다. 여러 공인 중개사와 약속 잡은 것을 미안해하지 않아도 됩니다. 공인 중개사도 세입자가 집을 구할 때 여러 공인 중개사와 집을 보러 다닌다는 것을 이미 알고 있습니다. 그러므로 미안한 마음에

한 분하고만 거래할 필요가 없습니다. 마찬가지로 그 자리에서 바로 계약을 안 한다고 해서 공인 중개사에게 미안함을 느낄 필요가 없습니다. 미안하다고 마음에 안 드는 집을 계약할 수는 없기 때문입니다.

"제가 신중한 편이라 생각해 보고 연락드리겠습니다."

이렇게 말하면 공인 중개사도 너그럽게 이해해줍니다.

(4) 힘들게 느껴지는 발품, 꼭 많이 팔아야 할까?

발품을 많이 팔면 팔수록 다양한 집을 비교할 수 있습니다. 집의 임대료, 상태, 채광, 화장실, 옵션, 주변 환경 등 여러 가지 데이터들이 내 머릿속에 쌓여 집을 보는 기준과 안목이 됩니다. 이를 바탕으로 시세보다 저렴한 매물을 만나면 바로 계약을 하거나, 좋지 않은 매물을 만나면 저렴해도 계약을 하지 않는 등의 의사결정을 정확하고 빠르게 할 수 있습니다. 발품의 경험은 평생 어디 가지 않고 집을 보는 안목으로 차곡차곡 쌓입니다. 기회가 된다면 최대한 많은 집을 둘러보면서 집을 보는 안목을 키워보세요.

09

집 보러 가기 1
- 영업에 넘어가지 않는 법

내일은 드디어 철수가 집을 보러 가는 날이다. 처음으로 집을 보러 가게 된 철수는 걱정이 이만저만이 아니다.

"민수 형, 내일 집을 보러 가는데 혹시 해줄 조언 있어?"
"음. 많지. 하나씩 알려 줄게. 일단, 공인 중개사의 현란한 영업 스킬에 말려들지 않는 게 중요해."
"영업 스킬? 그게 뭔데?"
"그게 뭐냐면….."

01 공인 중개사의 현란한 영업 - 거래 성사를 위한 설득 기법들

부동산 거래의 핵심은 후회 없는 선택을 하는 것입니다. 그런데 집을 계약하고 나서 후회하는 사람들이 의외로 많습니다. 계약할 때민 해도 좋았는데 막상 살아보니 집이 마음에 들지 않거나 계약이 불리하게 체결된 것을 뒤늦게 알았기 때문입니다.

왜 이런 일이 발생하는 걸까요? 다양한 원인이 있겠지만, 공인 중개사의 현란한 영업 멘트가 여러분의 합리적인 의사 결정을 방해했을 가능성이 큽니다. 공인 중개사는 여러분을 설득하기 위한 여러 기술들을 가지고 있습니다. 달콤한 말로 서둘러 계약을 체결하도록 만들죠. 따라서 사전에 중개사의 전형적인 영업 멘트 정도는 알고 가는 것이 좋습니다. 그럼 지금부터 하나씩 알아볼까요?

(1) 과잉 친절과 공감을 보여줍니다.

친절과 공감은 공인 중개사의 의도와는 상관없이 여러분이 고마운 감정을 느끼게 합니다. '나한테 이렇게 잘해주는 걸 보면 좋은 사람 같아. 믿어도 되지 않

을까?'하고 무의식적으로 생각하게 되는 것이죠. 이것은 공인 중개사가 상황의 주도권을 가져가도록 돕는 일입니다. 공인 중개사가 친절하고 배려심이 많은 게 나쁜 것은 아닙니다. 하지만 중대한 선택 앞에서 주도권을 넘긴다면, 후회하는 거래가 될 수 있으니 주의해야 합니다.

(2) 집의 장점만 보여줍니다.

공인 중개사는 여러분에게 많은 집을 소개해 주지만, 따로 소개비를 받지는 않습니다. 거래가 성사될 때만 중개 보수를 받죠. 즉, 공인 중개사 입장에서는 거래가 성사되어야 돈을 받을 수 있습니다. 이런 이유로 공인 중개사는 여러분이 집을 계약하도록 하기 위해 집의 장점을 부각하고, 단점은 굳이 언급하지 않습니다. 바람직한 행동은 아니지만, 거래 한 건 한 건에 생존이 달려 있기 때문에 어쩔 수 없는 측면도 있습니다. 따라서 여러분은 이런 사실을 항상 염두에 두고 매의 눈으로 집의 단점들까지 파악할 수 있어야 합니다.

(3) 비교할 집을 보여줌으로써 극명한 대비를 만들어 냅니다.

공인 중개사는 여러분이 원하는 집을 보여주기 전에 그와 반대되는 집을 먼저 보여줍니다. 깔끔한 집을 원하는 사람에게 지저분한 집을 먼저 보여줌으로써 '정말 이런 덴 절대 안 가야겠다'라는 생각을 만들어 낸 다음, 사신이 준비한 깔끔한 집을 보여주어 '와, 아까 집이랑 비교하면 완전 깔끔하잖아?'라는 생각을 하도록 만드는 것이죠.

이런 식으로 대비를 통해 강한 긍정의 감정을 만들고, 결정을 바로 내리도록 유도합니다. 따라서 비교 대상에 흔들리지 말고, 본인이 처음에 정한 기준에 부합하는지를 잘 생각해 보고 거래해야 합니다.

(4) 안전한 집이라면서 안심만 시킵니다.

계약서를 작성할 때 사기를 당하지는 않을지, 보증금을 못 돌려받는 건 아닌지 등 많은 걱정을 합니다. 이를 알고 있는 공인 중개사는 고객을 안심 시키기 위해 "이 집은 아무 문제 없어요.", "굳이 집주인까지 와서 계약서 쓸 필요 없어요.", "다들 이렇게 거래해요." 같은 멘트를 날리며 집과 계약에 아무 문제가 없다는 것을 강조합니다.

하지만, '정말 괜찮나요?'라고 물어보면, 근거 없이 허술한 답변을 하는 공인 중개사가 의외로 많습니다. 등기부등본을 함께 보면서 근저당(담보 대출)이 있는지 확인해 준다거나 집주인의 신분증을 등기부등본의 이름과 비교해 주는 등 안전하다고 판단할 수 있는 근거를 전혀 제시하지 못하는 것입니다. 따라서, 공인 중개사의 안전하다는 말만 믿지 말고 임대차 계약서, 등기부등본, 건축물대장 등에 이상이 없는지 직접 확인할 수 있어야 합니다.

(5) 집이 금방 나가니까 빨리 거래해야 한다고 재촉합니다.

공인 중개사와 함께 집을 보러 다닐 때, 마음에 드는 집을 발견하면 눈이 휘둥그레집니다. 공인 중개사는 이때를 놓치지 않고 "이거 금방 나가요. 지금 바로 가계약금 넣어야 해요."와 같은 멘트를 던집니다.

물론 수요가 많은 동네는 방이 금방 나갑니다. 하지만 모든 동네, 모든 매물이 다 빠르게 거래되진 않습니다. 급하게 거래할 필요가 없는 물건인데도 거래를 재촉하는 건 여러분이 거래를 무를 수 없게끔 당장의 선택을 반 강요하는 것입니다.

낯선 곳에서 공인 중개사의 멘트에 현혹된 상태에서는 상황 판단력이 떨어집니다. 따라서 집을 구해 본 경험이 적다면, 현장에서 바로 결정하기보다는 돌아가서 심사숙고해 본 뒤에 결정하는 것이 좋습니다.

이상, 공인 중개사의 영업 수법을 살펴보았습니다. 고객이 좋은 집을 구하도록 진심을 다해 돕는 공인 중개사도 있지만, 오로지 영업과 중개 보수만을 목표로 하는 공인 중개사도 있습니다. 이를 항상 염두에 두고 공인 중개사에게 의존하지 말고, 자신의 지식과 생각을 바탕으로 현명하게 거래하길 바랍니다.

10
집 보러 가기 2
- 체크리스트 만들기

민수에게 꿀팁을 전해 들은 철수. 다음 꿀팁이 벌써부터 궁금해진다.

"형 말 안 듣고 갔으면 당일에 바로 계약할 뻔했어. 정말 고마워. 또 알아야 할 건 뭐야?"
"꼭 확인해야 할 것들을 체크리스트로 만들어가면 좋아."
"체크리스트? 거기엔 어떤 것들을 적어가면 좋을까?"
"체크리스트에 꼭 적어야 할 것은…."

01 좋은 방 구하는 치트키, 체크리스트

집을 제대로 보지 않고 계약하면 이사 후 살면서 성가신 일들이 생길 수 있습니다. 환기 좀 하려고 창문을 열었더니 방충망이 없어서 벌레들이 들어오거나, 화장실 하수구의 악취로 방에 냄새가 날 수 있습니다. 또, 변기의 물이 잘 내려가지 않아 고생하게 될지도 모릅니다.

인간의 기억력에는 한계가 있습니다. 집을 구할 때 체크리스트를 활용하면 중요한 것들을 빼 먹지 않고 확인할 수 있습니다. 지금부터 체크리스트를 활용해 꼼꼼하게 집을 확인하는 방법을 알려드리겠습니다.

(1) 체크리스트 사용 요령

체크리스트는 언제 사용하는 게 좋을까요? 공인 중개사와 둘러보는 모든 방을 다 체크할 필요는 없습니다. 처음 방에 들어갔을 때는 가벼운 마음을 가지고 방을 둘러봅니다. 전체적인 느낌을 보는 것입니다. 눈과 귀와 코와 몸이 반응하는 대로 방을 느껴보면 '이 집 괜찮은 것 같은데?' 혹은 '이유는 정확히 모르겠지만 좀 별로인 것 같아'라는 느낌이 오실 겁니다. 이를 토대로 '좋다', '싫다'의 느낌만 파악하면 됩니다.

만약 방이 마음에 들지 않는다면 어떻게 해야 할까요? 괜히 이것저것 보는 척하며 시간을 지체하지 말고 공인 중개사에게 "방 잘 봤습니다. 다음 방 보러 갈 수 있을까요?"라고 말하면 됩니다. 방이 마음에 안 드는데 마음에 드는 척을 할 필요가 없습니다. 의사표시를 명확하게 하지 않으면 공인 중개사가 비슷한 방을 또 보여주거나 불필요한 설명을 길게 해 서로 에너지를 낭비할 수 있습니다. 좋고 싫음을 분명하게 밝히면서 마음에 드는 방이 나올 때까지 계속 보러 다니면 됩니다.

기본 정보				
건물특징:		보증금 / 월세:		주소:
		관리비 / 공과금:		

체크리스트 1: 계약 전 확인		
소음	비행기, 지하철, 철도, 자동차, 옆방 소음	
창문 / 채광	창문 방향, 크기	
	방충망	
화장실(욕실)	창문 유무 / 방충망	
	하수구 냄새	
	수도 수압 / 하수구 물 내림	
	온수 상태(30초 내)	
	변기 물 내림	
부엌(싱크대)	하수구 냄새	
	수도 수압 / 하수구 물 내림	
필수 옵션 확인	세탁기	
	에어컨	
	냉장고	
	인덕션(가스레인지)	
	옷장 OR 행거	
	수납장	
추가 옵션 확인	전자레인지	
	TV	
	인터넷 TV 모뎀	
	신발장	

체크리스트 2: 계약 결정 후 / 계약 후 확인		
인테리어 준비물	콘센트 위치 확인 (+ 인터넷 선)	
	바닥 길이 재기	
	커튼 유무	
	사진 OR 영상	

꼼꼼히 체크해서 좋은 방 구하길 바랍니다.

▲ 체크리스트

마음에 드는 방이 나타나면 어떻게 해야 할까요? 방이 괜찮다는 느낌이 들면 계약을 할 가능성이 큽니다. 이때부터는 체크리스트를 활용해 꼼꼼하게 확인합니다. 먼저, 공인 중개사에게 "방 좀 확인해 봐도 될까요?"라고 말합니다. 그럼, 공인 중개사가 여러분이 방을 볼 수 있도록 배려해 줄 것입니다. 방을 체크하는 데 걸리는 시간은 2~3분 정도면 충분합니다. 초보자도 능숙하게 방을 체크하는 비결은 잠시 뒤에 알아보겠습니다.

(2) 체크리스트의 구성

체크리스트 가장 상단에는 집을 기억할 수 있도록 기본 정보를 적는 '기본 정보'란이 있습니다. 가운데는 집을 계약하기 전에 세부사항을 점검할 수 있는 체크리스트 1이, 하단에는 집을 계약한 후에 사용하는 체크리스트 2가 있습니다. 그럼, 하나씩 살펴볼까요?

① 기본적인 정보

기본 정보		
건물특징:	보증금 / 월세:	주소:
	관리비 / 공과금:	

공인 중개사와 적게는 1~2곳에서 많게는 5~6곳 이상의 방을 보게 됩니다. 그 중 마음에 들었던 곳을 쉽게 기억하기 위해 특징들을 적어둡니다. 가장 먼저 건물 특징을 적습니다. '세 번째 방문 집 - 새 건물에 파란 대문, 언덕에 위치하지만, 편의점 바로 앞에 있음.' 이런 식으로 자유롭게 적습니다.

그다음 보증금과 월세, 관리비와 공과금을 적습니다. 공인 중개사가 말해주면 그대로 적으면 되고, 말을 안 해주면 물어봐서 적으면 됩니다. 관리비에 무엇이 포함되는지, 공과금은 대략 얼마 정도 나오는지 물어보면 좋습니다.

마지막으로 주소를 적습니다. 집에 돌아가서 다시 고민할 때 지도에서 위치를 검색해 볼 수 있습니다.

② 체크리스트 1 - 집 계약 전

체크리스트 1: 계약 전 확인		
소음	비행기, 지하철, 철도, 자동차, 옆방 소음	
창문 / 채광	창문 방향, 크기	
	방충망	
화장실(욕실)	창문 유무 / 방충망	
	하수구 냄새	
	수도 수압 / 하수구 물 내림	
	온수 상태(30초 내)	
	변기 물 내림	
부엌(싱크대)	하수구 냄새	
	수도 수압 / 하수구 물 내림	
필수 옵션 확인	세탁기	
	에어컨	
	냉장고	
	인덕션(가스레인지)	
	옷장 OR 행거	
	수납장	
추가 옵션 확인	전자레인지	
	TV	
	인터넷 TV 모뎀	
	신발장	

이제 방 안의 상태를 하나씩 체크해 봅니다. 체크하다가 어려운 게 생기면 공인 중개사에게 물어보거나 도움을 요청하세요.

먼저 소음을 확인합니다. 공항이나 지하철역 근처에 거주하는 사람들은 매일 비행기, 지하철 소리를 들으며 살아갑니다. 특히 새벽에 운행하는 비행기는 숙면에 방해가 될 수 있습니다. 따라서 공항이나 지하철역이 근처에 있다면 소음의 정도를 확인해야 합니다. 또한, 도로 옆에 위치한 집은 자동차가 지나다니는 소리로 인해 시끄러울 수 있으니 잠시 숨을 죽이고 귀 기울여 확인할 필요가 있습니다.

저의 사례를 말씀드리면, 집을 볼 때 너무 깔끔하고 좋아서 바로 계약을 한 적이 있습니다. 하지만 이사 후, 1시간에 10번도 넘게 들리는 지하철, 기차, KTX 소리에 많은 스트레스를 받았습니다. 집을 볼 때 소리를 들어 봐야 한다는 생각을 전혀 하지 못한 채, 철길 옆에 집을 구한 것입니다. 이런 일을 방지하기 위해서 소음 체크는 필수입니다.

방음 역시 꼭 확인해야 합니다. 원룸은 층간 소음보다 옆방과의 방음 문제가 더 많습니다. 주먹으로 벽을 쳤을 때 통통거리며 속이 비어있는 울림소리가 난다면 콘크리트 벽이 아닌 임시 벽을 만들어 개조한 원룸일 가능성이 높습니다. 이럴

경우, 소리를 지르거나 음악을 크게 틀면 옆방에 시끄러운 소리가 다 들립니다. 반대로 벽을 쳤을 때 주먹만 아프고, 소리가 울리지 않는다면 콘크리트 벽입니다.

다음은 창문입니다. 우선 창문이 있는지 확인해 보고, 크기와 방향을 체크합니다. 창문이 다른 건물로 막혀 있는지도 확인합니다. 창문이 다른 건물로 막혀 있으면 집에 빛이 들어오지 않습니다. 마지막으로 창문에 방충망이 설치되어 있는지 확인합니다. 대부분 설치되어 있지만, 한 개씩 없는 창문들이 있거나 하자가 있어 수리가 필요할 수 있으니 꼼꼼하게 체크하세요.

이제 화장실 차례입니다. 화장실에서 가장 중요한 것은 창문의 유무입니다. 창문이 없다면 곰팡이가 생기지 않도록 화장실 문을 매일 열어 놔야 하는데, 그렇게 하면 방 안으로 하수구 냄새와 화장실 냄새가 들어올 수 있습니다. 따라서 화장실 창문은 웬만하면 있는 것이 좋습니다. 그렇다고 없으면 계약하지 말라는 의미는 아닙니다. 창문이 없다면, 방향제를 사용하여 하수구 냄새를 잘 차단한 후, 문을 열고 생활하면 됩니다. 참고로 요새 지은 건물은 창문 대신 습기와 냄새를 제거하는 환풍기를 설치한 경우가 많습니다. 이때는 환풍기가 잘 작동하는지 확인하고 들어가면 됩니다.

▲ 하수구 냄새를 차단하는 트랩

하수구 냄새도 확인하세요. 세면대와 바닥에 있는 하수구에 얼굴을 가까이 대고 5초 동안 냄새를 맡아봅니다. 보통 심한 냄새는 안 나지만, 간혹 오래된 건물에서는 악취가 날 수 있습니다. 만약 창문까지 없다면 상황은 더 심각해집니다. 퇴근 후 하수구 냄새가 온 방을 덮을 수 있습니다. 그럼에도 불구하고 계약을 하고 싶은 집이라면, 하수구 냄새를 차단하는 '트랩'을 꼭 설치하세요.

다음으로 수도의 수압을 체크합니다. 물을 틀었을 때, 일반적인 물의 세기보다 약하다면 계약을 하지 않는 것이 좋습니다. 이런 집에 들어가면 샤워하고 머리를 감을 때마다 스트레스를 받게 됩니다. 요즘 건물들은 수압이 약한 경우가 거의 없지만, 오래된 건물의 고층부(4, 5층)는 수압이 약한 경우가 종종 있습니다. 이럴 때는 물이 고층까지 강하게 올라갈 수 있도록 해주는 가압 펌프를 설치해야 하는데, 20~30만 원의 비용이 발생합니다. 집이 마음에 드는데 수압이 걸린다면 가압 펌프를 설치해 주겠다는 약속을 받고 계약하는 것도 한 방법입니다.

하수구 물 내림을 확인하세요. 세면대의 경우, 하수구를 잠그고 물을 절반 정도 받은 다음 다시 열어 물이 잘 내려가는지 체크하세요. 물이 잘 내려가지 않는 문제는 중간에 집주인에게 수리를 요구하기 애매하니 미리 확인하면 좋습니다. 물론 하수구를 뚫는 제품이 시중에 많이 있고, 또 하수구 하자를 해결해 주는 조건으로 계약할 수도 있으니 체크해 놓고 추후 협의를 진행하면 됩니다.

온수가 잘 나오는지도 확인합니다. 보일러를 온수 상태로 켜 놓고, 화장실에서 물을 틀었을 때 30초~1분 안에 온수가 나와야 합니다. 너무 오래 걸리면 사용할 때마다 불편할 수 있습니다.

변기의 물 내림도 중요합니다. 시원하게 잘 내려가는지, 혹시 느리게 내려가지는 않는지를 확인하세요. 부엌도 체크합니다. 화장실과 마찬가지로 하수구 냄새, 수압, 물이 잘 내려가는지 확인하면 됩니다.

마지막으로 옵션을 확인합니다. 생활에 필수적인 세탁기, 에어컨, 냉장고, 가스레인지(인덕션)가 있는지 확인하고, 옷장이나 행거, 수납장의 유무를 체크합니다. 필수는 아니지만, 전자레인지, TV, 인터넷 TV, 신발장까지 확인하면 좋습니다. 옵션을 확인할 때 작동까지 해 볼 필요는 없습니다. 집주인에게는 옵션이 고장 날 경우 수리해 줘야 할 의무가 있습니다. 살다가 작동이 안 되면 그때 수리 요청을 하면 됩니다. 대부분 잘 고쳐주므로 옵션 유무 정도만 간단히 파악하세요.

한정된 비용으로 체크리스트에 있는 모든 사항을 완벽하게 만족하는 집을 찾는 것은 어렵습니다. 따라서, 우선순위에 따라 어느 정도는 타협을 해야 합니다. 정말 중요하게 생각하는 부분은 포기하지 말고, 작은 문제들은 대안을 찾아 해결하거나 적절히 타협하며 집을 선택해야 합니다.

③ 체크리스트 2 - 집 계약 후

	체크리스트 2: 계약 결정 후 / 계약 후 확인	
인테리어 준비물	콘센트 위치 확인 (+ 인터넷 선)	
	바닥 길이 재기	
	커튼 유무	
	사진 OR 영상	

체크리스트 2는 계약을 마치고, 인테리어를 구상할 때 활용하면 좋습니다. 계약 후 공인 중개사에게 방을 한 번 더 보여 달라고 요청하면, 별다른 이유가 없는 한 흔쾌히 보여줍니다. 그때 확인하면 됩니다. 물론 집을 볼 때, 계약을 하기로 마음속으로 결정을 내렸다면 미리 체크해도 무방합니다.

먼저, 콘센트 위치를 확인합니다. 사진으로 찍어 놓으면 책상, TV, 컴퓨터 등 콘센트가 필요한 가구 배치를 미리 구상할 수 있습니다.

그다음 줄자를 준비해 방의 길이를 재 보세요. 줄자를 가지고 다니는 공인 중개사도 있으니, 방의 길이를 재 달라고 부탁하는 것도 좋은 방법입니다. 방의 길이를 잴 때는 벽이 아닌 바닥의 길이를 재야 합니다. 벽은 몰딩으로 마감 처리된 부분이 있어 오차가 생길 수 있습니다. 가구 또한 바닥에 두기 때문에 바닥을 재는 것이 가장 정확합니다.

커튼 유무도 확인해 주세요. 커튼이 없으면 아침이나 주말 낮에 집이 너무 밝아서 눈이 부시고 더울 수 있습니다. 이런 경우, 5~10만 원을 들여 커튼, 블라인드, 롤스크린 등을 직접 설치해야 합니다. 물론 커튼 설치를 조건으로 계약할 수도 있습니다.

마지막으로 사진과 영상을 찍어 두면 좋습니다. 집의 구조가 잘 기억이 나지 않을 때 사진과 영상은 큰 도움이 됩니다. 다만, 촬영을 하려면 미리 공인 중개사에게 양해를 구해야 합니다. 대부분은 허락해 주므로 크게 걱정할 필요는 없습니다.

(3) 주의사항

체크리스트를 활용해 집을 확인하는 것은 모든 조건을 만족하는 완벽한 집을 찾기 위함이 아닙니다. 실제로 방을 보러 다니면, 모든 조건을 만족하는 집보다는 한두 개가 부족한 집들이 더 많습니다. 특히 저렴한 집일수록 더 그렇죠. 부족한 것들은 계약 전에 집주인에게 요구해 볼 수 있으니, 예산이 한정적이라면 처음부터 너무 완벽한 집만 고집할 필요는 없습니다.

학생이나 사회 초년생은 집을 볼 때 이것저것 확인하는 행위 자체가 낯설고 생소하여 체크리스트가 있어도 제대로 확인하지 못할 수 있습니다. 따라서 친구 집을 이용해 미리 연습해 보는 것이 좋습니다. 몇 번 해보면 집을 확인하는 게 굉장히 쉽게 느껴질 것입니다.

▲ 체크리스트 다운로드하기

11
집 보러 가기 3
- 가계약금 걸기

체크리스트 활용 방법까지 배운 철수. 갑자기 궁금한 게 생겼다.

"형, 근데 집을 봤는데 너무 마음에 들면 어떡해? 꼭 계약을 하고 싶을 만큼 좋으면 바로 계약을 해야 하는 거 아니야?"
"가계약금을 걸면 되지!"
"가계약금? 그게 뭔데?"
"가계약금은 말이지…."

 01 가계약금으로 원하는 집 찜해두기

(1) 가계약금

가계약금은 계약을 고민하는 동안 다른 사람이 먼저 계약하는 것을 방지하기 위해 계약금의 일부를 집주인에게 미리 내는 것입니다. 쉽게 말해, "보증금 낼 돈

중에서 일부를 미리 떼 줄 테니 다른 사람한테 방을 보여주거나 계약하지 말아주세요. 대신 계약이 취소되면 그 돈을 그냥 드릴게요."라고 제안하는 것입니다. 계약이 성사되면 계약금에서 가계약금을 제외한 금액만 내면 되고, 계약이 성사되지 않으면 가계약금은 집주인이 갖습니다.

집이 너무 마음에 들 경우 현장에서 바로 공인 중개사의 안내에 따라 가계약을 진행하면 됩니다. 고민할 시간이 필요하면, 집에 돌아온 후에 충분히 생각을 해보고 공인 중개사에게 연락해 안내를 받으면 되고요.

그렇다면 가장 합리적인 가계약금은 얼마일까요? 집을 구하는 입장에서는 적게 내는 것이 이득입니다. 나중에 계약을 취소할 수도 있기 때문입니다. 반대로 집주인은 계약이 취소되면 다른 사람과 계약할 기회를 놓친 것이므로 최대한 많이 받으려 합니다. 공인 중개사 또한 계약 성사를 위해 가계약금을 많이 내도록 유도합니다. 나중에 집이 마음에 들지 않더라도 가계약금이 아까워서 계약하는 경우가 있기 때문입니다.

합리적인 가계약금은 계약 날짜까지 남은 일수와 하루치 월세를 곱한 금액으로 정하면 됩니다. 집주인이 나로 인해 손해 보는 시간에 해당하는 금액을 가계약금으로 주는 것입니다.

[500/40]의 월세 집을 계약한다고 가정해 보겠습니다. 방을 본 후 7일 뒤에 계약을 할 예정이고 하루치 월세가 13,000원이라면, 7×13,000 = 91,000원에서 반올림한 100,000원을 가계약금으로 걸면 됩니다.

가계약금은 보통 10~30만 원 정도인데, 공인 중개사가 생각보다 더 많은 금액을 요구할 수도 있습니다. 금액이 부담되거나 취소할 가능성이 있다고 판단되면 "금방 계약할 건데 10만 원 정도만 낼게요."라고 거절하면 됩니다. 가계약금은 당사자들끼리 정하기 나름입니다. 반드시 공인 중개사의 제안에 따라야 하는 것은 아니니 적당한 선에서 협의하세요.

> **❝ 이렇게 멘트하세요 ❞**
>
> "중개사님 가계약금은 10만 원만 낼게요."

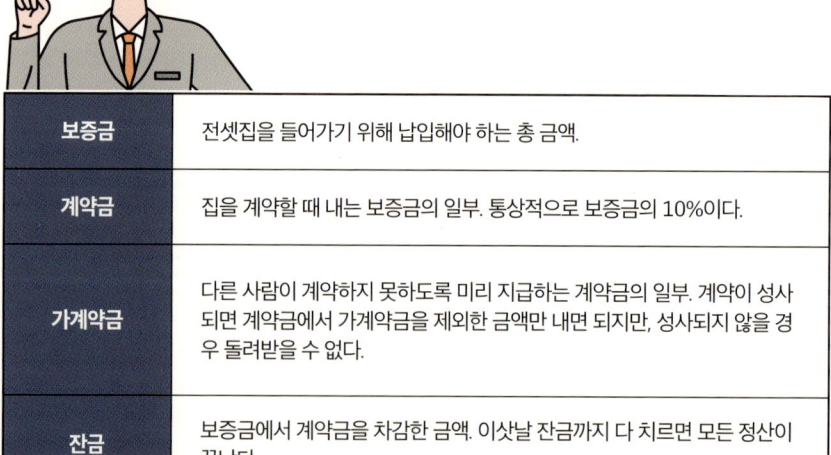

보증금	전셋집을 들어가기 위해 납입해야 하는 총 금액.
계약금	집을 계약할 때 내는 보증금의 일부. 통상적으로 보증금의 10%이다.
가계약금	다른 사람이 계약하지 못하도록 미리 지급하는 계약금의 일부. 계약이 성사되면 계약금에서 가계약금을 제외한 금액만 내면 되지만, 성사되지 않을 경우 돌려받을 수 없다.
잔금	보증금에서 계약금을 차감한 금액. 이삿날 잔금까지 다 치르면 모든 정산이 끝난다.

12
계약하기 전 사전 준비

민수 덕분에 마음에 드는 집을 고른 철수는 이제 계약과 이사만 하면 된다는 생각에 들떠 있다. 그런 철수에게 민수가 물었다.

"너 집 계약한다며. 준비는 잘 돼가?"
"무슨 준비? 계약 당일에 가서 사인만 하면 되는 거 아니야?"
"계약 전에 미리 계약 내용에 대한 사전 협의를 하는 게 좋아. 아니면 중간에 계약이 무산되거나 너에게 불리한 내용으로 계약을 해야 할 수도 있어."
"정말? 그럼 뭘 준비해야 해?"

01 계약 전에 반드시 협의해야 할 여섯 가지

원하는 집을 찾았다면 이제 계약을 할 차례입니다. 실제 계약하는 자리에서는 계약 조건을 하나하나 확인하며 조율하기가 어렵습니다. 계약 중에 모르는 내용이 있어도 그냥 넘어가게 되는 경우가 많고, 불쑥 조건 변경을 요구하면 갑자기 분위기가 무거워지면서 계약이 무산될 수도 있습니다. 따라서 중요 사항에 대해서는 사전 협의를 꼭 해야 합니다. 미리 협의를 다 해두면 계약은 정말 간단하고 쉬운 일이 됩니다. 계약하는 자리는 서로의 얼굴을 확인하고 미리 조율한 사항이 반영된 최종 계약서에 도장만 찍는다고 생각해 주세요. 사전에 확인하고 협의해야 할 조건들은 다음과 같습니다.

1. 보증금 / 월세 / 관리비
2. 임대차 계약 기간
3. 잔금 지급일, 이사 날짜
4. 월세 선불 또는 후불
5. 계약금
6. 중개 보수

위 내용들은 방을 구경할 때 공인 중개사와 그 자리에서 협의해도 되고, 나중에 전화나 문자로 진행해도 됩니다. 그럼, 하나씩 자세히 알아보겠습니다.

(1) 보증금 / 월세 / 관리비

보증금, 월세, 관리비는 거의 대부분 집주인이 처음 제시한 금액으로 정해집니다. 그러나 간혹 협의를 통해 조정하기도 합니다. 대표적인 게 보증금입니다. 보증금을 높이거나 낮추는 조건으로 월세를 조정할 수 있습니다. 서울을 기순으로 보증금 100만 원과 월세 1만 원은 동일한 가치를 지닙니다. [500/40]의 집을 계약할 때 보증금 증액을 통해, [1,000/35]나 [2,000/25]로 협의 가능합니다. 반대로 보증금을 낮추고 월세를 높일 수도 있습니다. [500/40]의 집을 계약할 때, 보증금 500만 원을 내기 어렵다면 [300/42]나 [200/43]으로 계약하자고 제안할 수 있습니다. 이처럼 보증금과 월세는 협의에 따라 바뀔 수 있으니 비용 계획에 맞춰 집주인과 적절히 협의를 하면 됩니다.

보증금과 월세가 확정됐다면 이제 관리비를 확인합니다. 간혹 집주인과 공인중개사가 관리비를 정확히 알지 못하는 경우가 있습니다. 따라서 관리비와 공과금의 액수, 항목에 대해 다시 한번 이야기를 나눌 필요가 있습니다. 다음 표에서 볼 수 있듯 관리비의 형태는 다양합니다. 집마다 기본 관리비와 포함 항목이 모두 다르니 계약할 집의 관리비 형태를 잘 숙지해야 합니다.

	전기세	가스비	수도세
기본관리비 10만 원	포함	포함	포함
기본관리비 8만 원	포함	별도	포함
기본관리비 8만 원	별도	포함	포함
기본관리비 5만 원	별도	별도	포함
기본관리비 3만 원	별도	별도	별도

> **❝ 이렇게 멘트하세요 ❞**
>
> "중개사님, 제가 보증금을 1,000만 원 더 드릴 테니
> 월세를 10만 원 정도 낮출 수 있을까요?
> 그리고 관리비는 수도만 포함되고 전기랑 가스는 별도인 거 맞죠?"

(2) 임대차 계약 기간

두 번째로 계약 기간을 협의해야 합니다. 실제 계약에서는 집주인이 정해둔 기간을 세입자가 받아들이는 경우가 많습니다. 일반적으로 집주인은 2년 계약을 선호합니다. 단기 임대를 하면 청소비나 중개 보수 등 다음 세입자를 받기 위해 필요한 비용이 자주 발생하기 때문입니다.

그렇다고 모든 집주인이 2년 계약만 진행하는 것은 아닙니다. 보통 원룸 월세방은 1년 단위로 계약을 합니다. 단기 거주를 원하는 사람이 많은 동네에서는 3개월, 6개월 단위의 계약도 진행되고요. 따라서 원하는 계약 기간이 있다면 협의를 통해 결정하면 됩니다. 굳이 집주인과 직접 얘기할 필요 없이 공인 중개사를 통해 협의가 가능합니다. 민감하고 불편할 수 있는 대화를 대신해 주는 게 공인 중개사의 역할입니다. 모든 협의는 공인 중개사를 통해 하면 된다는 것을 기억하고 이를 잘 활용하길 바랍니다.

집 구하는 게 처음이라면, 2년보다는 1년으로 계약하는 게 좋습니다. 젊은 사람들은 이사가 잦은 편이므로 길게 하지 않는 것이 낫습니다. 2년을 계약했다가 1년 뒤 이사 가야 하는 상황이 오면, 다음 임차인을 구해주고 나가야 합니다. 새로운 임차인과 계약하면서 집주인이 내야 할 중개 보수도 대신 내야 하고요. 심지어 임차인이 구해지지 않으면 그 집에 살지 않더라도 계속 월세를 내야 합니

다. 1년으로 계약했어도 나중에 더 살고 싶으면 집주인의 의사와 상관없이 2년까지 계약 연장이 가능하므로 할 수만 있다면 1년으로 계약하는 게 좋습니다.

> **❝ 이렇게 멘트하세요 ❞**
> "중개사님 계약은 1년으로 하고 싶어요."

(3) 잔금 지급일, 이사 날짜

세 번째로 협의할 사항은 잔금 지급일과 이사 날짜입니다. 여기서 잔금은 보증금에서 계약금을 제외한 나머지 금액을 의미합니다. 보통 잔금은 이사하는 날에 납부합니다. 잔금 납부일과 이삿날, 입주하는 날이 동일한 것이죠. 잔금을 납부하는 날부터 계약 기간이 시작됩니다. 따라서 공인 중개사를 통해 언제 이사를 갈지에 대해서도 사전에 정해 놓아야 합니다.

원룸이 많은 동네에 집을 구할 때는 이삿날 1~2주 전에 공인 중개사에게 연락하면 됩니다. 원룸은 수요가 많아서 2주면 충분히 방을 구할 수 있습니다. 간혹 걱정이 앞서 한 달 전부터 원룸을 구하는 분들이 있는데, 집주인은 지금 바로 들어올 사람을 선호하기 때문에 계약이 원활하게 진행되지 않을 수 있습니다. 그럼에도 불구하고 미리 방을 구하고 싶다면, 공인 중개사에게 한 달 뒤에 입주 가능한 집들만 보여달라고 하세요. 가능한 집주인은 해줄 것이고, 안 되면 다른 집을 알아보거나 1~2주 전쯤에 알아보는 수밖에 없습니다.

> **❝ 이렇게 멘트하세요 ❞**
> "중개사님, 11월 10일에 잔금 내고 이사할게요."

(4) 월세 선불 또는 후불

월세를 선불로 낼지, 후불로 낼지는 크게 중요하지 않지만 그래도 한 번 짚고 넘어가겠습니다.

월세를 선불로 낼 경우, 이사하는 날에 잔금과 함께 한 달 치 월세를 내야 합니다. 반대로 월세를 후불로 낼 경우, 이사하고 한 달이 지난 후부터 월세를 내면 됩니다. 월세 납부 방법은 집주인과 공인 중개사가 미리 정해 놓는데, 집주인은 보통 선불을 선호합니다. 어차피 내야 하는 돈이기 때문에 크게 상관은 없지만, 만약 당장 월세 낼 돈이 없다면 협의를 통해 후불로 납부하면 됩니다.

> **❝ 이렇게 멘트하세요 ❞**
>
> "중개사님, 이번 달 월세 낼 돈이 없는데 후불로 계약할 수 있을까요?"

(5) 계약금

부동산 관련 계약금은 통상적으로 보증금의 10%입니다. [500/40]의 원룸 계약이라면 계약금은 50만 원이 되는 것이죠. 집주인에게 가계약금 10만 원을 지불했다면, 이를 제외한 40만 원만 더 내면 됩니다. 계약금 송금은 보통 세입자와 공인 중개사, 집주인 셋이 모여 계약서를 작성할 때 이루어집니다. 지금은 확인 단계이므로 계약금의 액수만 체크하면 됩니다.

> **❝ 이렇게 멘트하세요 ❞**
>
> "중개사님, 가계약금 10만 원 냈던 거 제외하고 계약금은 40만 원만 더 내면 되죠?"

(6) 중개 보수

중개 보수는 법정 요율이 정해져 있습니다. 앞에서 언급한 것처럼 공인 중개사는 보통 최대 요율을 요구합니다. 중개 보수 비용이 부담된다면, 공인 중개사와 협의를 통해 중개 보수를 깎을 수 있습니다. 하지만, 이제 막 사회에 발을 디딘 사회 초년생이 중개사와 금액을 협의하는 건 쉽지 않습니다. 그럼에도 불구하고 중개 보수 협의가 필요한 분들은 다음 두 가지 방법을 활용해 보세요.

① 계약서 작성 전에 협의하기

협의를 할 때는 타이밍이 중요합니다. 계약서를 작성하기 전에는 어떻게든 계약을 체결하기 위해 공인 중개사가 협의에 응할 가능성이 있습니다. 하지만 계약서 작성 단계에서는 협의를 안 해준다고 여러분이 계약을 파기할 정도의 배포가 없다는 것을 알고 있기에 협의가 잘 진행되지 않습니다. 따라서 중개 보수 협의는 계약서를 작성하기 전에 하는 게 좋습니다.

② 단도직입적으로 깎아달라고 말하기

공인 중개사에게 연락해 이렇게 말해보세요.

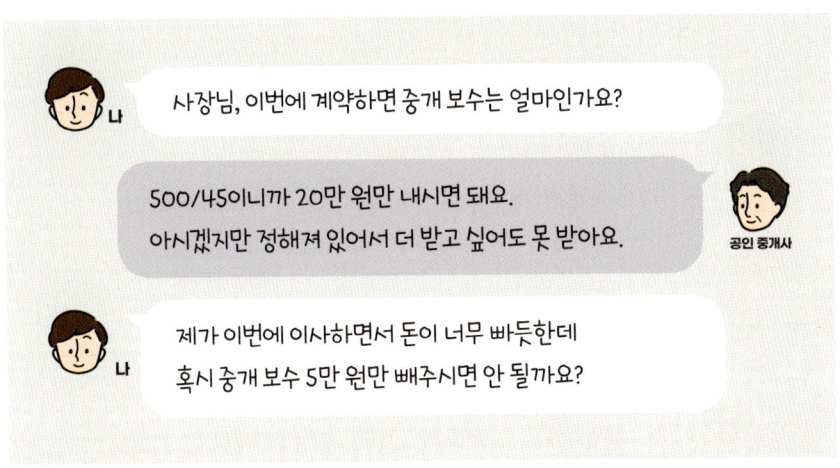

반응은 두 가지로 나뉩니다.

첫 번째는 받아들이는 경우인데, 생각보다 많은 공인 중개사가 할인해 줍니다.

공인 중개사 1 : 그래요~? 흠... 알겠습니다. 그렇게 해드릴게요.

공인 중개사 2 : 5만 원은 안 되고 3만 원만 빼 드릴게요.

공인 중개사 3 : 해드릴게요. 대신 주변에 집 구하는 분들 있으시면 소개 좀 해주세요.

우리가 노려야 할 것은 이런 상황입니다. 밑져야 본전이니 안 되더라도 한번 말해보는 것이 낫습니다.

두 번째는 거절하는 경우입니다.

공인 중개사 : 안 돼요, 사장님.
우리 중개업소가 나름 기준이 정해져 있어서 못 해 드려요.

이 경우에는 빠르게 포기하고 다른 것에 집중하세요.

지금까지 계약 전에 협의해야 할 여섯 가지를 알아보았습니다. 이 내용은 계약서 작성일이 임박하기 전에 문자로 정리해서 공인 중개사에게 보내고, 다시 한 번 확인을 받는 것이 좋습니다.

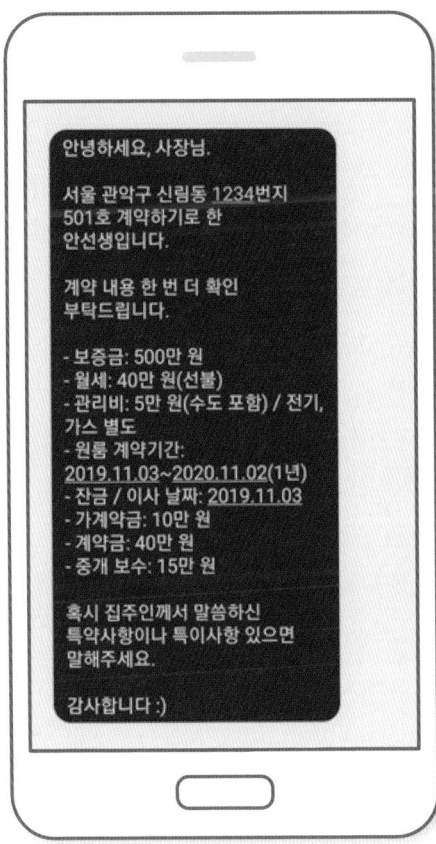

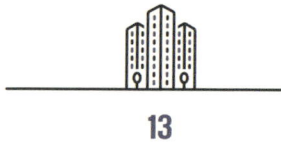

13
계약서 작성하기 1
- 임대차 계약서

"이제 사전 협의도 마쳤으니 다 끝난 거지?"
"철수 너 임대차 계약서 본 적 있어? 이게 임대차 계약서야."
민수가 건넨 계약서를 보니 하얀 건 종이요, 검은 것은 글씨였다. 철수는 갑자기 덜컥 겁이 났다.
'혹시 계약서를 잘 몰라서 실수하면 어떡하지?'
그런 철수의 걱정을 알기라도 하는 듯 민수가 말했다.
"생각보다 어렵지 않으니까 겁먹지 마. 쉽게 설명해 줄 테니 잘 들어봐."

01 부동산 계약서 작성하는 방법(임대차 계약서 뜯어보기)

임대차 계약은 집을 빌려주는 사람과 집을 빌리는 사람이 하는 계약입니다. 집을 빌려주는 사람을 임대인 혹은 집주인, 집을 빌리는 사람을 임차인 혹은 세입자라고 표현합니다. 계약은 임대인과 임차인 그리고 공인 중개사가 함께 모여 진행합니다. 이때 공인 중개사는 계약서상 틀린 내용은 없는지, 사전 협의한 내용이 맞는지 등을 확인해 줍니다. 생소한 용어 때문에 어려워 보이지만, 사실 임대차 계약은 굉장히 간단합니다. 지금부터 계약서를 작성할 때 확인해야 할 사항과 주의할 점을 설명드리겠습니다.

먼저, 계약서의 전체적인 모습부터 살펴보겠습니다. 계약서가 익숙하지 않은 분들은 어디서부터 봐야 할지 감이 잘 안 오실 겁니다. 이해를 돕기 위해 단순화시켜 보겠습니다. 임대차 계약서는 내용에 따라 크게 5개의 항목으로 나눌 수 있습니다. 각각의 항목이 의미하는 바를 예시를 통해 알아보겠습니다.

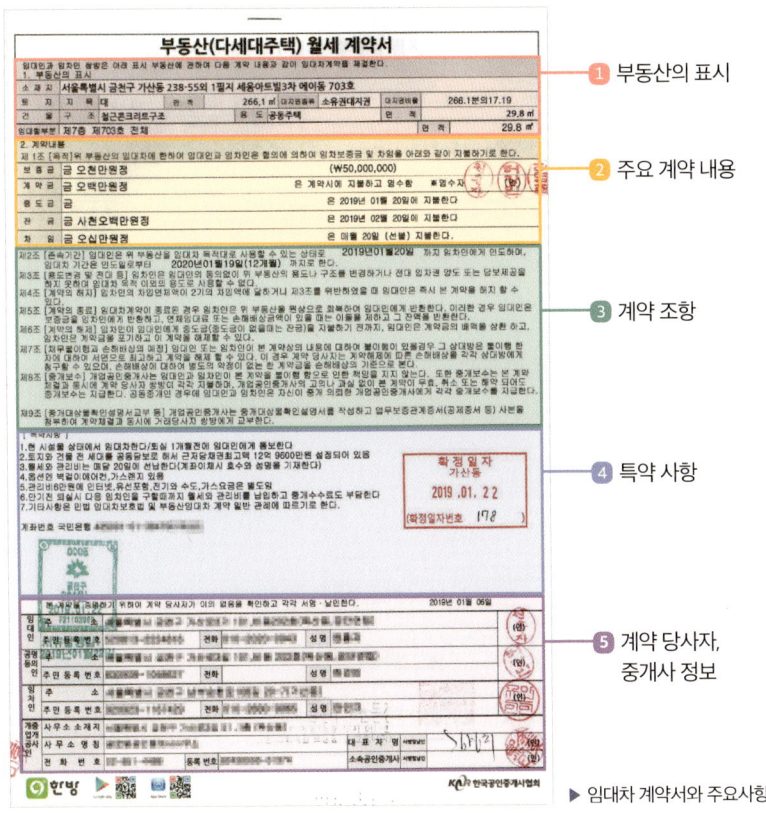

▶ 임대차 계약서와 주요사항

(1) 부동산의 표시

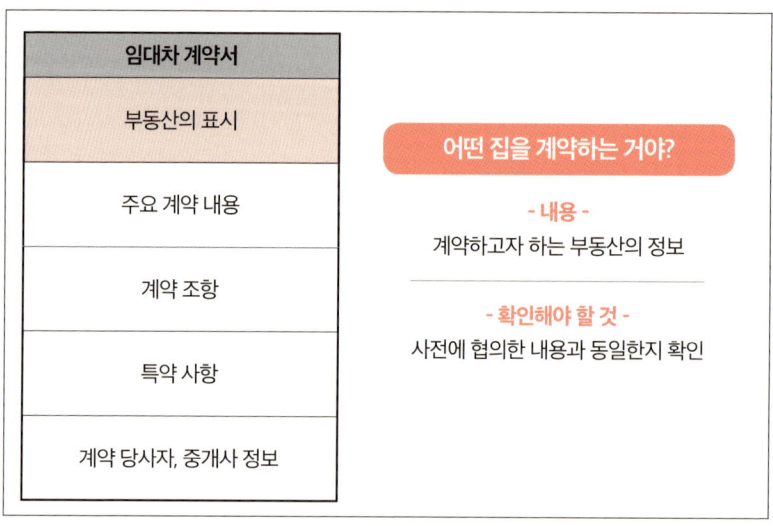

가장 먼저 보이는 항목은 '부동산의 표시'입니다. 이곳에는 계약할 집의 기본적인 정보가 적혀 있습니다. 예시를 보겠습니다. 주소는 소재지라고 적힌 칸에 나와 있습니다. 건물의 용도는 공동주택이고, 임대할 부분은 O층 O호 전체이며, 면적은 29.8m²라고 기재되어 있습니다. 입주할 건물과 호실 그리고 면적 등이 일치하는지 확인하세요.

(2) 주요 계약 내용

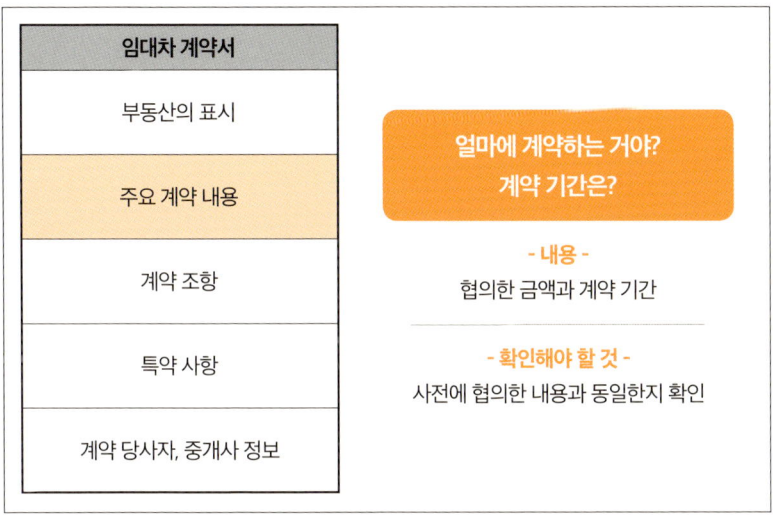

다음으로 살펴볼 항목은 '주요 계약 내용'입니다. 보증금, 계약금, 잔금에 대한 정보와 계약 기간이 사전 협의 내용과 일치하는지 확인하면 됩니다. 일반적으로 계약서에 금액을 작성할 때는 실수를 방지하기 위해 숫자가 아닌 한글로 작성합니다. 예시를 보겠습니다.

먼저, 보증금과 계약금, 잔금의 액수와 잔금 납부일을 확인합니다. 보증금 5,000만 원, 계약금 500만 원, 잔금 4,500만 원, 잔금 납부일은 2019년 2월 20일로 되어 있는 것을 확인할 수 있습니다.

다음으로 차임을 확인합니다. 차임은 월세를 의미하는 것으로 매월 20일에 선불 월세를 50만 원씩 지불해야 하는 것으로 적혀 있습니다.

중도금은 분양이나 매매 시 지불하는 비용이니 빈칸으로 두면 됩니다.

(3) 계약 조항

임대차 계약서
부동산의 표시
주요 계약 내용
계약 조항
특약 사항
계약 당사자, 중개사 정보

우리가 지켜야 할 사항은 어떤 게 있어?

- 내용 -
계약에 의해 생기는 의무와 권리

- 확인해야 할 것 -
가볍게 훑어보기

다음은 계약 조항입니다. 계약 조항에는 임대인과 임차인, 공인 중개사의 의무와 권리가 명시되어 있습니다. 임대차 보호법을 근거로 작성되며, 대부분의 계약서에 동일하게 적히니 꼼꼼히 확인할 필요 없이 간단히 훑어보면 됩니다. 조항마다 목적과 내용이 있는데, 가볍게 살펴보겠습니다.

```
[용도변경 및 전대 등]
제4조 [계약의 해지] 임차인이...
제5조 [계약의 종료] 임대차계...
    보증금을 임차인에게 반...
제6조 [계약의 해제] 임차인이...
    임차인은 계약금을 포...
제7조 [채무불이행과 손해배상]...
```

먼저, 세입자 관련 조항입니다. 세입자는 집의 용도와 구조를 변경하거나 훼손할 수 없으며 계약 종료 시 집을 빌렸을 때의 모습 그대로 돌려줘야 합니다. 세입자의 과실로 손상이 발생했다면 집주인이 보증금에서 차감할 수 있습니다. 또한, 계약금, 보증금, 월세 등을 제때 납부해야 합니다. 위반 시, 보증금 일부를 돌려받지 못할 수 있고 극단적인 경우 계약이 파기될 수 있습니다. 공인 중개사에게 중개 보수를 지불한 후에 발생하는 문제는 공인 중개사의 도움 없이 직접 집주인과 해결해야 하니 미리 숙지해두어야 합니다.

To. 세입자

"집에서 음식 장사하지 마세요."

"원 상태로 복구 불가능한 인테리어 공사는 하지 마세요."

"계약이 끝나고 집을 비울 때는 입주할 때의 집 상태와 동일한 상태로 만들어 주세요. 그렇지 않으면 보증금에서 제할 수도 있습니다."

"공인 중개사에게 중개 보수를 지급하고, 이후 생기는 문제들은 임대인과 임차인이 직접 해결해야 합니다."

다음은 집주인 관련 조항입니다. 계약서 작성일부터 잔금 납부일까지의 기간 동안 계약을 취소할 경우 세입자에게 계약금의 2배를 배상해야 합니다.

> **To. 집주인**
>
> "잔금을 치르기 전에 계약을 취소하면
> 계약금의 2배를 세입자에게 지급해야 합니다."
>
> "공인 중개사에게 중개 보수를 지급하고, 이후 생기는 문제들은
> 임대인과 임차인이 직접 해결해야 합니다."

마지막으로 공인 중개사 관련 조항입니다. 공인 중개사는 세입자와 집주인에게 각 조항과 계약 내용을 충분히 설명하고, 각종 서류를 전달해야 합니다.

> **To. 공인 중개사**
>
> "중개대상물 확인설명서와 업무보증 관계 증서를
> 계약 당사자에게 전달하고, 설명해 주세요."

(4) 특약 사항

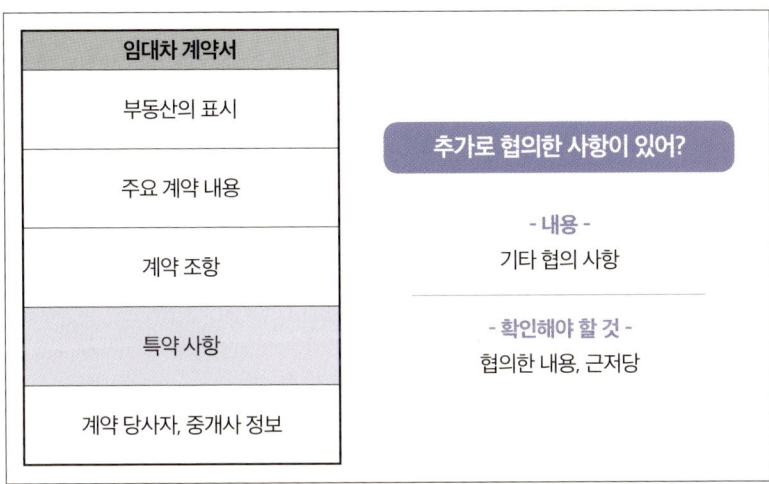

다음은 특약 사항입니다. 특약 사항에는 관리비나 옵션 등 주요 계약 내용 외에 추가로 협의한 사항을 적습니다. 계약서마다 차이가 있으니 사전 협의 내용과 동일하게 기재되었는지 꼼꼼하게 확인해야 합니다.

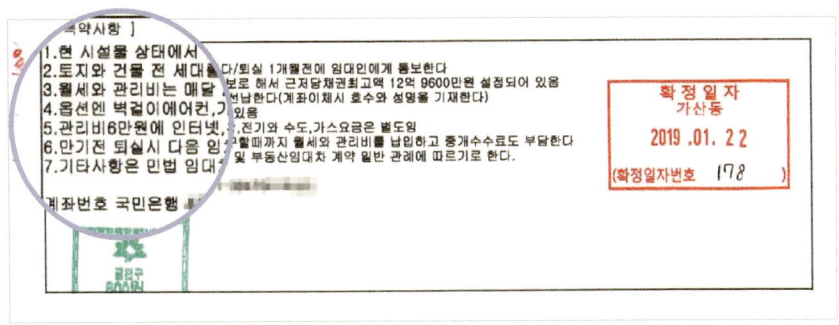

예시를 보겠습니다. 1번에 보면 '현 시설물 상태에서 임대차한다.' '퇴실 1개월 전에는 임대인에게 통보한다'라고 적혀 있습니다. 이는 임대차 계약서의 단골

멘트로 집의 현 상태를 유지하고, 나가기 최소 한 달 전에는 집주인에게 알려줘야 한다는 것을 의미합니다.

2번은 집주인이 집을 담보로 진 빚을 나타냅니다. 이에 대해서는 등기부등본 챕터에서 더 자세히 살펴보겠습니다. 3번부터 6번까지는 월세, 관리비, 옵션, 퇴실과 관련된 내용으로 사전에 추가 옵션 혹은 수리 등을 협의했다면 함께 명시되어 있는지 확인해야 합니다. 마지막으로 7번은 계약상 발생하는 문제에 대해 임대차 보호법을 기준으로 처리하겠다는 의미입니다.

가장 중요한 건, 아래 계좌 번호와 계좌 명의입니다. 계좌 번호의 명의와 집주인의 이름이 동일한지 꼭 확인해야 합니다. 다른 명의의 계좌로 입금할 경우, 나중에 문제가 생겼을 때 법적으로 보호를 받지 못할 수도 있습니다. 보증금과 월세는 항상 집주인의 이름으로 된 계좌에 보내야 한다는 것을 명심하세요.

(5) 계약 당사자, 공인 중개사 정보

임대차 계약서
부동산의 표시
주요 계약 내용
계약 조항
특약 사항
계약 당사자, 중개사 정보

계약 당사자와 집주인이 일치해? 공인 중개사 정보는?

- 내용 -
계약 당사자 및 공인 중개사 정보 / 날인란

- 확인해야 할 것 -
계약 당사자와 집주인의 일치 여부

모든 사항을 꼼꼼히 숙지했고 이에 대해 동의한다면, 이제 서명할 차례입니다. 예시를 보면, 임대인과 임차인, 공인 중개사의 인적 정보가 적혀 있고 그 옆에 서명란이 있습니다. 계약서와 집주인의 신분증을 대조하여 얼굴, 주민등록번호 등이 일치하는지 확인합니다.

임대차 계약서에서는 세 가지를 확인해 주세요.
첫째, **부동산 표시상의 소재지와 입주할 집의 주소가 일치하는지 확인**합니다.
둘째, **계약 내용과 특약 사항이 사전에 협의한 대로 적혀 있는지 확인**합니다.
마지막으로 **집주인과 계약자가 동일 인물인지 신분증과 얼굴 대조를 통해 확인**하면 끝!

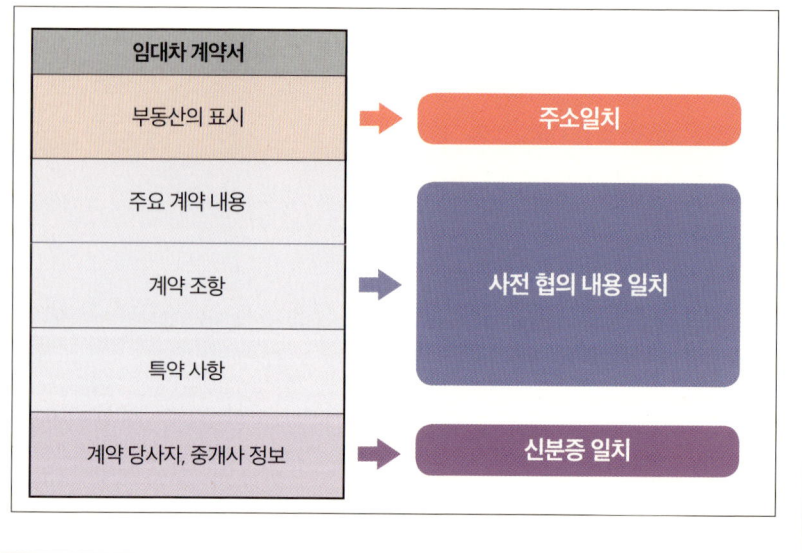

14
계약서 작성하기 2
- 등기부등본

민수의 설명을 들은 철수는 계약서 작성이 어려운 게 아님을 깨달았다.

"형 말처럼 서류 작성하는 게 엄청 어려운 건 아니었네!"
"오, 자신감이 꽤 생겼나 본데?"
"모두 형 덕분이지. 그런데, 계약서 작성할 때 이것만 확인하면 돼?
"아니, 아직 몇 개 더 남았어. 혹시 등기부등본이 뭔지 알아?"
"등기부등본? 들어 보기는 했는데, 정확히 뭔지는 몰라."
"보증금을 지키고, 사기를 당하지 않으려면 꼭 알아야 하는 서류인데 이번에도 최대한 쉽게 알려줄게."

01 등기부등본이란 무엇이고 왜 중요할까?

등기부등본은 집의 자기소개서, 혹은 이력서와 같습니다. 집의 탄생부터 집의 소유권 변동 내역, 담보 대출 이력, 가압류 여부 등 그동안 어떤 일들이 있었는지가 명시되어 있습니다.

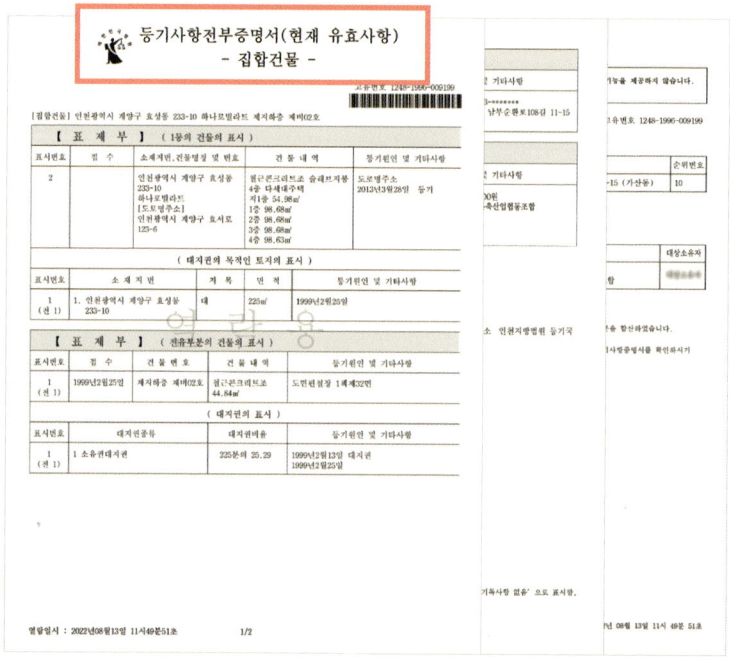

등기부등본을 확인해야 하는 이유는 보증금을 안전하게 돌려받기 위함입니다. 집주인은 집을 담보로 은행에서 대출받습니다. 그리고 세입자에게 집을 빌려주면서 보증금을 또 받죠. 만약 집주인에게 문제가 생겨 집이 경매에 넘어가게

되면, 은행과 세입자 중 누구에게 먼저 돈을 돌려줘야 할까요? 보통은 은행이 선순위인 경우가 많습니다. 문제는 집주인이 집을 판 돈으로 은행 빚을 갚고 나면 세입자에게 돌려줄 보증금이 없다는 것입니다. 즉, 세입자는 보증금을 떼이게 됩니다. 그래서 사전에 등기부등본을 꼼꼼하게 확인해서 집을 담보로 무리하게 대출받은 이력은 없는지, 집이 경매에 넘어갔을 때 세입자보다 선순위로 돈을 받게 되어 있는 사람(기관)은 없는지 등을 체크해야 합니다. 이렇게 중요한 등기부등본은 어디서 뗄 수 있을까요?

02 발급받는 방법

등기부등본은 세무서, 구청, 주민 센터 등에서 발급받을 수 있고, 온라인으로도 가능합니다. 자세한 과정은 우측 QR코드를 확인하세요!

03 등기부등본 확인하기

등기부등본은 표제부, 갑구, 을구로 구성되어 있습니다. 표제부에는 집 주소에 대한 정보가 담겨 있습니다. 갑구에는 집의 소유권에 대한 정보, 을구에는 집을 담보로 받은 대출금 등 소유권 이외의 권리 정보가 나와 있습니다. 그리고 마지막 요약에서 표제부, 갑구, 을구의 핵심 내용을 보여줍니다. 등기부등본에서 필수적으로 확인해야 할 것은 주소, 소유자, 근저당(융자) 세 가지입니다.

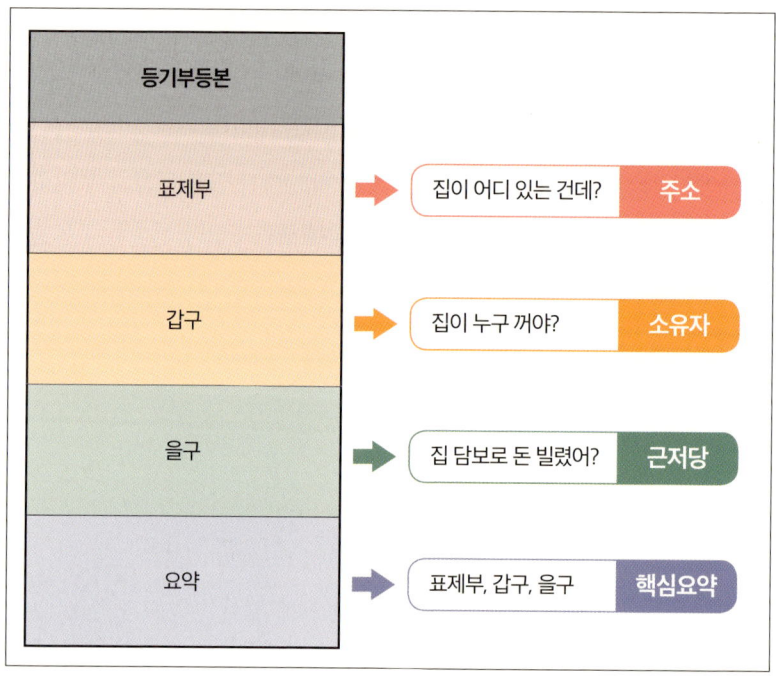

(1) 표제부 뜯어보기 - 주소 확인

표제부에서는 입주할 집의 주소와 등기부등본에 기재된 주소가 일치하는지 확인합니다. 이때, 토지는 신경 쓰지 않아도 되고, [집합 건물], [표제부 - 소재지번, 건물 명칭 및 번호], [표제부 - 건물 번호]를 중심으로 살펴보면 됩니다. 예시 이미지를 볼까요? [집합 건물]에 인천광역시 계양구 효성동 233-10 하나로 빌라트 OO호. [표제부 - 소재지번, 건물 명칭 및 번호]에 인천광역시 계양구 효성동 233-10 하나로빌라트, [표제부 - 건물 번호]에 지하 02호라고 호실이 나와 있는 것을 확인할 수 있습니다.

확인해야 할 것 : 주소

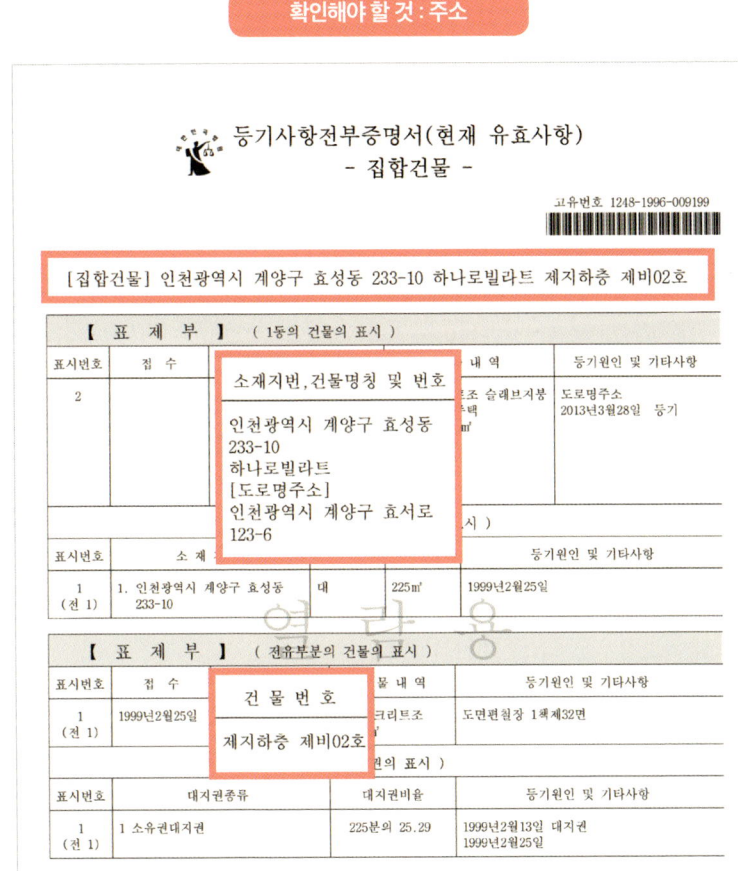

Part 1. 나에게 꼭 맞는 원룸 구하기 - 월세 편   111

(2) 갑구 뜯어보기 - 소유자 인적 확인

갑구에서는 소유자를 확인합니다. [갑구 - 소유권 이전 - 권리자 및 기타사항]에 기재된 소유자의 이름, 주민등록번호, 주소가 집주인의 신분증과 일치하는지 확인합니다.

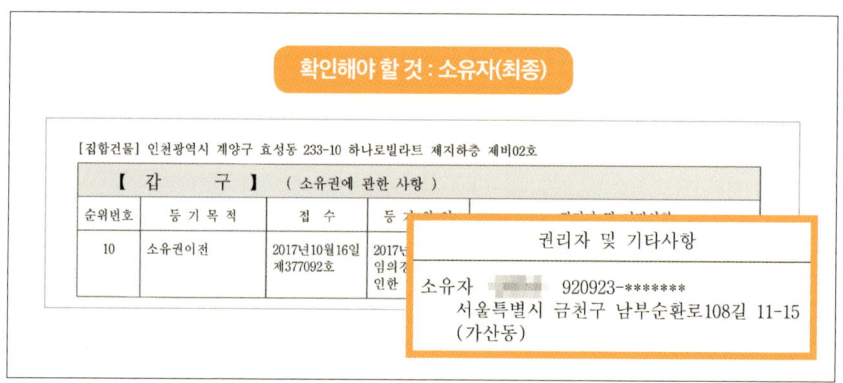

(3) 을구 뜯어보기 - 근저당권 채권최고액

을구에서는 근저당권 채권최고액을 확인해야 합니다. 근저당권 채권최고액이란 집주인이 집을 담보로 대출받은 금액을 말합니다. 쉽게 말해, 집주인이 대출금을 갚지 못해 집이 경매로 넘어갔을 때 집값에서 이 금액을 제한 후에 보증금이 지급되는 것입니다. 따라서 꼼꼼하게 확인하고, 대출금이 너무 많지는 않은지 따져봐야 합니다. 예시를 보겠습니다. 근저당권설정 항목의 채권최고액은 44,400,000원이며, 근저당권자는 서울경기양돈 축산업 협동조합으로 명시되어 있습니다. 이는 집이 경매로 팔리면, 우선으로 서울경기양돈 축산업 협동조합에 4,440만 원을 지급한다는 의미입니다. 보증금을 안전하게 지키는 방법은 다음 장에서 자세히 다루겠습니다.

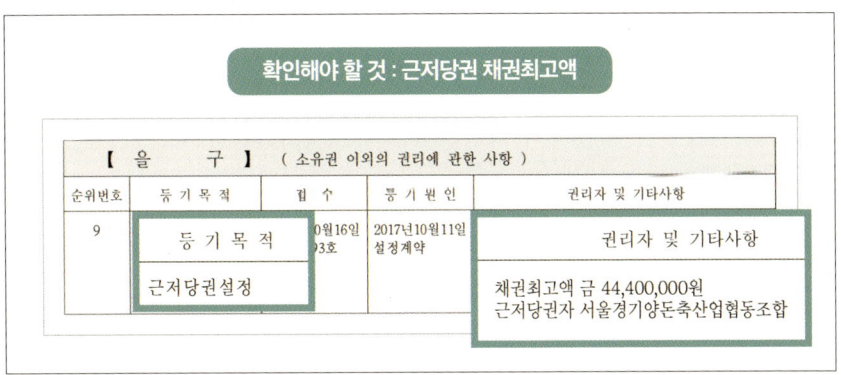

(4) 요약 뜯어보기

요약에는 앞서 살펴본 표제부, 갑구, 을구의 핵심 내용이 정리되어 있습니다. 주소와 소유자 인적 사항, 근저당 채권최고액이 적혀 있습니다. 온라인으로 등기부등본을 발급할 때, '요약' 항목에 체크하면 아래에 요약을 추가할 수 있습니다.

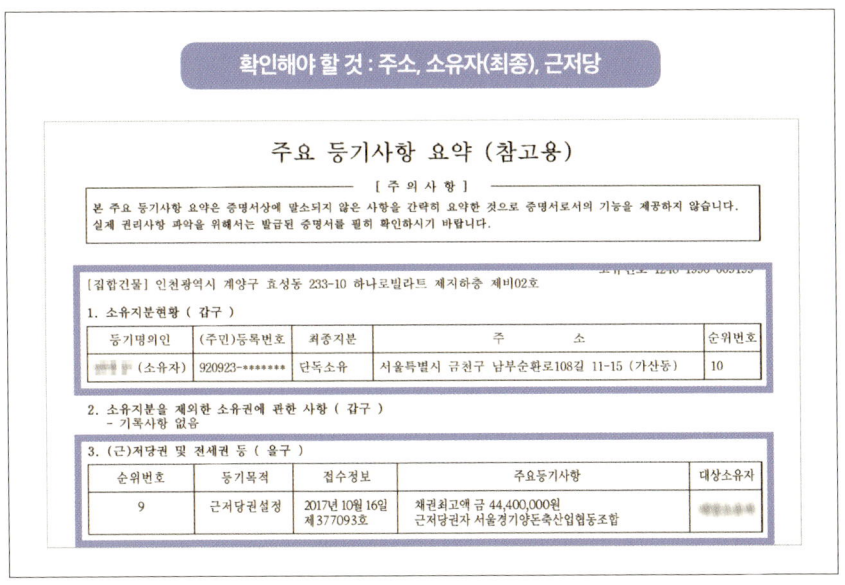

04 언제 확인하는 것이 좋을까?

등기부등본은 가급적 계약 직전에 확인하는 것이 좋습니다. 가능성은 낮지만, 집주인이 계약 직전에 세입자 몰래 담보대출을 받을 수 있기 때문입니다. 세입자가 등기부등본을 확인했을 때는 아무 문제가 없었는데, 계약 후에 보니 등기부등본의 내용이 바뀌는 문제가 생길 수 있는 것이죠. 따라서 등기부등본은 너무 일찍 확인하는 것보다는 계약 직전에 보는 것이 낫습니다. 보통 계약할 때 공인중개사가 직접 출력해서 여러분에게 보여줍니다.

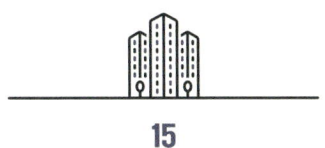

15
계약서 작성하기 3
- 보증금 안전한지 계산하는 방법

철수는 등기부등본까지 꼼꼼하게 확인했지만, 보증금을 안전하게 돌려받지 못할까 봐 여전히 걱정스럽다.

"이제 정말 내 보증금은 안전한 거야? 보증금을 돌려받지 못했다는 경험담이 너무 많아서 걱정돼. 혹시 확인할 수 있는 또 다른 방법 없을까?"
"보증금이 안전한지 확인할 방법이 더 있지. 그건 말이야…."

01 왜 보증금을 돌려받지 못하는 상황이 생기는 걸까?

대부분의 집주인은 집을 살 때 은행에서 대출을 받습니다. 은행은 담보인 집의 가치를 판단하고 안전하다고 생각되는 금액만큼 대출을 해줍니다. 그리고 이 대출 기록을 등기부등본에 적습니다. 집에 문제가 생겼을 때, 먼저 돈을 돌려받을 수 있는 권리를 확보하기 위함입니다. 집주인은 세입자를 들이면서 보증금을 받습니다. 보증금은 나중에 돌려줘야 하는 돈이므로, 이 역시 빚입니다. 세입자는 집에 문제가 생길 때를 대비해 등기부등본에 해당 내용을 적습니다. 이처럼 집주인은 은행과 세입자에게 갚아야 할 빚이 있습니다. 하지만 집주인의 빚이 꼭 위험한 것은 아닙니다. 은행에 이자를 성실하게 내고, 들어오는 세입자가 내는 보증금을 나가는 세입자에게 돌려주면 문제 될 것이 없습니다. 문제는 집주인이 여러 가지 사유로 은행에 이자를 내지 못할 때 발생합니다.

은행은 3개월 이상 이자가 연체되면, 법원에 부동산 경매 신청을 합니다. 담보로 잡은 집을 경매로 팔아 버리는 것이죠. 보통 경매로 집이 넘어가면 시세보다 싼 가격에 매매가 됩니다. 집주인에게 돈을 받아야 할 사람 중 누군가는 돈을 돌려받지 못할 수도 있는 것입니다. 자, 이 상황에서 누구에게 먼저 돈을 줘야 할까요? 돈을 돌려받을 순위를 정할 때는 법적 효력이 있는 기록들이 필요합니다. 세입자 입장에서는 전입신고와 확정일자가 그 역할을 합니다. 왜 전입신고와 확정일자를 그렇게 강조하는지 아시겠죠? 이 둘은 뒤에서 더 자세히 다루도록 하겠습니다.

순위가 밀려 돈을 받지 못하면 어떻게 해야 할까요? 이때는 오랜 시간이 소요되는 소송을 진행해야 합니다. 하지만 집이 경매로 넘어갈 정도가 되면, 집주인도 빈털터리 신세인 경우가 태반이라 승소해도 돈을 돌려받기가 쉽지 않습니다. 따라서 이런 일이 일어나지 않도록 사전에 방지하는 것이 최선입니다. 그럼, 지금부터 보증금을 지킬 수 있는 세 가지 방법을 알려드리겠습니다.

02 임대차 보호법으로 보증금 지키기

　1,000만 원 내외의 보증금은 임대차 보호법의 소액 보증금 제도를 통해 법적으로 보호받을 수 있습니다. 소액 보증금 제도란, 보증금이 소액일 경우 집에 문제가 생겼을 때 세입자의 보증금을 가장 먼저 지급하도록 강제하는 규정입니다. 소액 임차인에게는 무적의 카드라고 볼 수 있죠. 원룸 자취방의 경우 보증금이 1,000만 원 이하인 경우가 많기 때문에 보증금을 떼일 일이 상대적으로 적습니다. 따라서 공인 중개사에게 안전한 집인지 물어보고, 확답을 듣는 것으로 충분합니다.

　임대차 보호법의 소액 보증금 제도는 지역별로, 시기별로 조금씩 차이가 있습니다. 소액 임차인의 보호 범위는 다음 장에 있는 표와 같습니다.

　표를 보는 방법을 알려드리겠습니다. 먼저, 전입 신고 날짜가 속한 '법령 시행일'을 찾아 '지역'을 확인합니다. 이제 다음 두 가지 조건이 충족되는지를 체크합니다. 첫 번째 조건은 '환산 보증금'입니다. 환산 보증금은 [보증금 + (월세 × 100)]을 통해 구할 수 있습니다. 계약한 집의 환산 보증금이 표의 환산 보증금보다 적어야 합니다. 두 번째 조건은 소액 보증금 범위입니다. 계약한 집의 보증금이 표의 소액 보증금보다 적어야 합니다. 이 두 조건이 충족되면, 추후에 문제가 발생하더라도 최우선 변제 금액을 보상받을 수 있습니다. 이해를 돕기 위해 구체적인 사례로 예시를 들어보겠습니다.

　서울에 있는 [2,000/50]의 집을 계약하고 2022년 6월에 전입신고를 한 것으로 가정해 보겠습니다. 전입신고 날짜는 법령 시행일 중 '2019.04.02~'에 해당합니다. 해당 칸의 서울특별시를 확인합니다. 이제 환산 보증금을 구할 차례입니다.

법령 시행일	지역	환산보증금 (이하)	소액보증금 범위(이하)	최우선 변제금액
2010.07.26 ~ 2013.12.31	서울특별시	30,000만 원	5,000만 원	1,500만 원
	과밀억제권역(서울外)	25,000만 원	4,500만 원	1,350만 원
	광역시(군지역外),안산시, 용인시, 김포시, 광주시	18,000만 원	3,000만 원	900만 원
	그 밖의 지역	15,000만 원	2,500만 원	750만 원
2014.01.01 ~ 2018.01.25	서울특별시	40,000만 원	6,500만 원	2,200만 원
	과밀억제권역(서울外)	30,000만 원	5,500만 원	1,900만 원
	광역시(군지역外),안산시, 용인시, 김포시, 광주시	24,000만 원	3,800만 원	1,300만 원
	그 밖의 지역	18,000만 원	3,000만 원	1,000만 원
2018.01.26 ~ 2019.04.01	서울특별시	61,000만 원	6,500만 원	2,200만 원
	과밀억제권역(서울外)	50,000만 원	5,500만 원	1,900만 원
	부산광역시(기장군外)	50,000만 원	3,800만 원	1,300만 원
	부산광역시(기장군)	50,000만 원	3,000만 원	1,000만 원
	광역시(군지역外),안산시, 용인시, 김포시, 광주시	39,000만 원	3,800만 원	1,300만 원
	세종시, 파주시, 화성시	39,000만 원	3,000만 원	1,000만 원
	그 밖의 지역	27,000만 원	3,000만 원	1,000만 원
2019.04.02 ~	서울특별시	90,000만 원	6,500만 원	2,200만 원
	과밀억제권역(서울外)	69,000만 원	5,500만 원	1,900만 원
	부산광역시(기장군外)	69,000만 원	3,800만 원	1,300만 원
	부산광역시(기장군)	69,000만 원	3,000만 원	1,000만 원
	광역시(군지역外),안산시, 용인시, 김포시, 광주시	54,000만 원	3,800만 원	1,300만 원
	세종시, 파주시, 화성시	54,000만 원	3,000만 원	1,000만 원
	그 밖의 지역	37,000만 원	3,000만 원	1,000만 원

▲ 임대차 보호법을 적용받는 소액 보증금의 범위

[2,000만 원 + (50만 원 × 100)]을 계산하면 7,000만 원입니다. 7,000만 원은 표의 환산 보증금 9억 원 보다 적습니다. 첫 번째 조건 만족입니다. 집의 보증금은 2,000만 원으로 소액 보증금 범위 6,500만 원보다 적습니다. 두 번째 조건 역시 만족합니다. 따라서 집이 경매에 넘어가는 상황에서 내가 선순위 채권자가 아니더라도 최우선 변제 금액인 2,200만 원까지는 보호를 받을 수 있습니다.

예시 금액을 [5,000/30]으로 바꾸면 어떻게 될까요? 환산 보증금을 계산하면 8,000만 원이 나오고 이는 표의 환산 보증금 9억 원 보다 적습니다. 보증금 5,000만 원 역시 소액 보증금 범위 6,500만 원보다 적습니다. 그러나 최우선 변제 금액이 2,200만 원으로 내 보증금 5,000만 원에 미치지 못합니다. 집에 문제가 생기면 2,200만 원까지는 괜찮지만, 나머지 금액은 보상받지 못합니다.

이처럼 보증금이 커지면 임대차 보호법의 보호를 받기가 어렵기 때문에 좀 더 신중할 필요가 있습니다.

03 공인 중개사의 도움 받기

등기부등본에 근저당권이 설정되어 있고 채권최고액이 적혀 있다면, 보증금을 지키기 위해 공인 중개사와 다음과 같은 대화를 꼭 나눠야 합니다.

"중개사님, 등기부등본을 보니까 집에 근저당(융자)이 ○○○○만 원 있던데, 제 보증금이 안전한 집 맞아요? 어떻게 안전한 건지 설명 좀 해주세요."

"중개사님, 이 집에 들어가도 제 보증금이 안전한 거 맞나요? 집이 경매로 넘어가도 보증금 전액을 다 회수할 수 있는 거 맞죠?"

대부분의 공인 중개사는 세입자가 이해할 수 있도록 보증금의 안전성에 대해 잘 설명해 줍니다. 하지만 그렇지 않은 경우도 있습니다. 만약 중개사가 제대로 된 설명을 하지 못한다면 그 계약은 다시 생각해 보는 것이 좋습니다. 여러분이 이런 질문을 했음에도 공인 중개사가 안전한 집이라는 근거와 이를 뒷받침할 정보를 제공하지 않은 채 계약을 진행한다면, 나중에 피해가 생겼을 때 공인 중개사를 상대로 손해배상 청구를 할 수 있습니다. 이를 대비하여 질문한 다음 공인 중개사의 답변을 녹음해두면 좋습니다. 우리가 중개 보수를 지불하는 이유는 전문 지식이 있는 공인 중개사의 도움을 받아 안전하게 계약을 체결하기 위함입니다. 따라서, 계약 전에 꼭 공인 중개사를 통해 안전성을 확인받으세요.

04 스스로 진단해보기

집이 경매에 넘어갔을 때, 내 보증금을 돌려받을 수 있을지 없을지 어떻게 알 수 있을까요? 이럴 때 활용할 수 있는 공식이 있습니다.

> **근저당(융자=빚) + 보증금 < 집 시세의 70%**

쉽게 말해 이 집에 걸려 있는 근저당과 내 보증금을 합한 금액이 집값의 70% 보다 적으면 됩니다. 왜 하필 70%일까요? 앞서 말씀드린 것처럼, 경매는 집의 시세보다 싼값에 낙찰이 됩니다. 또, 경매 과정에서 추가적인 비용도 발생하죠. 하지만 이 모든 것을 감안하더라도 집값의 70% 아래로는 잘 떨어지지 않기 때문에 70% 정도면 안전하다고 판단하는 것입니다.

이 집에 걸려 있는 근저당이 얼마인지는 어떻게 알 수 있을까요? 근저당의 대부분은 은행에서 대출해 준 것입니다. 따라서 근저당권 설정과 함께 등기부등본에 적혀있는 채권최고액을 보면 됩니다. 여기에 내 보증금을 더하면 근저당을 정확히 파악할 수 있습니다. 집의 시세는 공인 중개사에게 문의하면 내략 알 수 있습니다. 만약, 공인 중개사가 시세를 잘 모른다고 하면 비슷한 매물의 실거래 기록을 조사해달라고 부탁하세요. 직접 확인하고 싶으면 디스코 사이트(앱)에 접속해 같은 동네에 있는 비슷한 면적과 크기를 가진 집의 매매 기록을 바탕으로 대략적인 집값을 유추해 보면 됩니다.

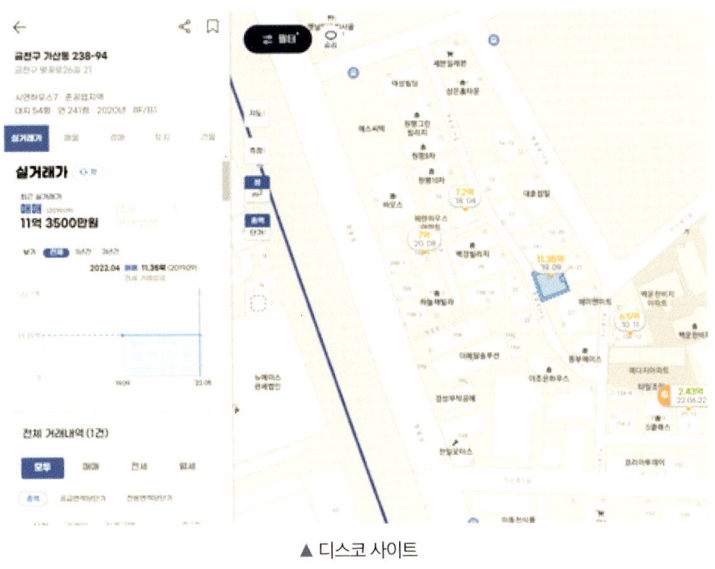

▲ 디스코 사이트

예시를 통해 연습해 볼까요?

첫 번째 예시에서 채권최고액은 0원입니다. 즉, 집을 담보로 한 빚이 없습니다. 여기에 내 보증금 10,000만 원(1억 원)을 더합니다. 이제 이 금액이 집값의

70%보다 적은지만 확인하면 됩니다. 집의 시세는 15,000만 원(1억 5천만 원)입니다. 70%는 10,500만 원(1억 5백만 원)이므로 [채권최고액+보증금]보다 500만 원 더 높습니다. 따라서 이 집은 보증금을 돌려받을 수 있는 안전한 집이라고 판단할 수 있습니다.

▲ 예시 1

두 번째 예시를 볼까요?

집을 담보로 대출을 받아서 설정된 근저당 채권최고액은 15,000만 원(1억 5천만 원)이고, 나의 보증금은 5,000만 원입니다. 집의 시세는 20,000만 원(2억 원)이므로 집값의 70%는 14,000만 원(1억 4천만 원)입니다. 채권최고액과 보증금을 더한 금액이 집값의 70%를 넘어갑니다. 만약 집에 문제가 생겨 경매에 넘어가면, 보증금을 돌려받지 못하는 일이 생길 수 있습니다.

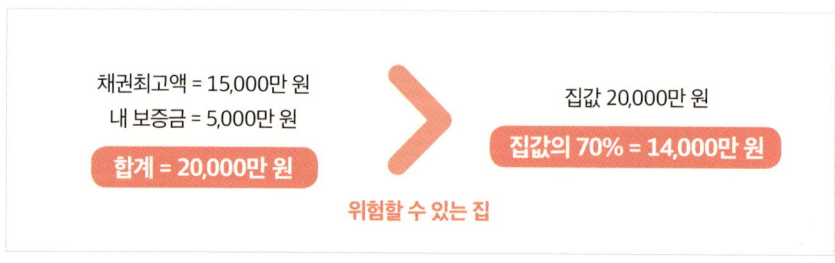

▲ 예시 2

세 번째와 네 번째 예시는 다가구 주택입니다. 다가구 주택의 경우, 다른 사람의 보증금까지 계산을 해줘야 합니다. 왜 그럴까요?

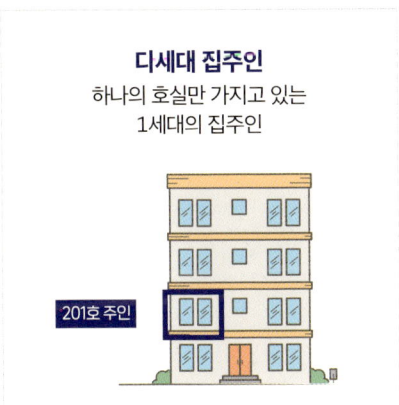

건물은 집주인의 소유 형태에 따라 다세대 주택과 다가구 주택으로 나뉩니다. 다세대 주택은 한 명의 주인이 하나의 호실을 소유한 형태로 근저당이 하나의 호실에만 잡힙니다. 해당 호실에 보증금을 낸 사람은 나밖에 없으므로 집이 경매로 넘어가더라도 다른 세입자의 보증금을 고려할 필요가 없습니다. 예시 1과 예시 2가 바로 다세대 주택에 해당합니다.

반면 다가구 주택은 한 명의 주인이 여러 호실을 모두 소유한 형태로 근저당이 한 호실이 아니라 건물 전체로 잡힙니다. 이 건물에는 내 보증금뿐 아니라 나보다 먼저 들어온 세입자의 보증금이 함께 걸려 있습니다. 이를 선순위 보증금이라 합니다. 집이 경매로 넘어가면 선순위 보증금부터 지급이 되고, 그다음 내 보증금이 지급됩니다. 따라서 다가구 주택의 안정성을 체크할 때는 채권최고액뿐 아니라 선순위 보증금까지 더해줘야 합니다. 그렇다면 선순위 보증금, 즉 다른 세입자들이 낸 보증금의 액수는 어떻게 알 수 있을까요? 공인 중개사나 집주인에게 물어보면 됩니다. 또 계약할 때 공인 중개사가 나눠주는 '중개대상물 확인 설명서'라는 종이에도 세입자들의 보증 금액이 기재되어 있습니다.

이제 예시를 통해 연습해 볼까요?

집을 담보로 대출을 받아 설정된 근저당 채권최고액은 50,000만 원(5억 원)입니다. 다른 세입자들이 낸 보증금, 즉 선순위 보증금은 30,000만 원입니다(3억 원). 그리고 내 보증금은 2,000만 원입니다. 집의 시세는 150,000만 원(15억 원)으로 집값의 70%는 105,000원(10억 5천만 원)입니다. 채권최고액과 선순위 보증금, 내 보증금을 다 더한 것보다 많습니다. 따라서 이 집은 안전하다고 판단할 수 있습니다.

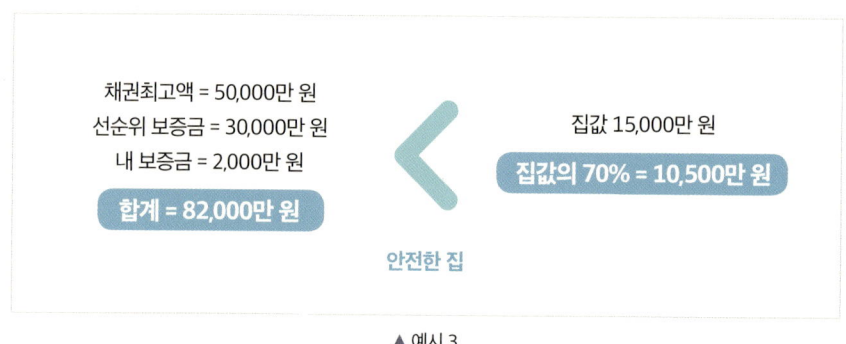

▲ 예시 3

다음 예시를 볼까요?

집을 담보로 대출을 받아 설정된 근저당 채권최고액은 0원입니다. 선순위 보증금은 34,000만 원(3억 4천만 원), 내 보증금은 3,000만 원입니다. 집의 시세는 50,000만 원(5억 원)이므로 집값의 70%는 35,000만 원(3억 5천만 원)입니다. 채권최고액과 선순위 보증금, 내 보증금이 이보다 많습니다. 만약 집에 문제가 생기면 보증금을 돌려받지 못하는 일이 생길 수 있습니다.

▲ 예시 4

 마지막으로 입주할 집이 다세대인지, 다가구인지는 어떻게 알 수 있을까요? 보통 오피스텔은 한 호실에 한 명이 주인인 다세대가 많고, 원룸촌에 있는 방들은 주인 한 명이 여러 호실을 관리하는 다가구가 많습니다. 애매하면 공인 중개사에게 물어보면 됩니다.

16
계약서 작성하기 4
- 건축물대장 확인하기

뉴스를 보던 철수는 실제로 존재하지 않는 집을 계약해 집과 돈을 모두 잃은 피해 사례를 접하게 되었다.

"어떻게 실제로 존재하지 않는 집을 계약할 수 있지? 방을 둘러보지 않고 계약한 건가?"
"방을 둘러보고 계약했더라도, 계약한 방의 주소와 건축물대장의 주소가 일치하지 않으면 사실상 존재하지 않는 방을 계약한 것으로 보기 때문이야."
"건축물대장? 그게 뭔데? 어떻게 확인하는 거야?"

01 건축물대장이란?

건축물대장이란 각 건물에 대한 정보를 정리한 국가 기관의 공식 문서를 말합니다. 계약할 집의 물리적인 공간은 건축물대장을 기준으로 합니다. 즉, 건축물대장에 나와 있는 것이 정확한 공간에 대한 정보입니다. 만약, 여러분이 반지하 원룸 B02호에 계약했는데, 해당 건물의 건축물대장에 B02호가 없다면 세상에 존재하지 않은 집을 계약한 것입니다. 이 경우 사기를 당한 것으로 법적 보호를 받을 수 없습니다. 그래서 사전에 건축물대장을 통해 정확한 주소를 꼭 확인해야 합니다. 그렇다면 건축물대장은 어디서 볼 수 있을까요?

계약서를 작성할 때 공인 중개사가 건축물대장을 인쇄해서 보여줍니다. 하지만 계약서 작성 전에 미리 확인하면 더 좋겠죠? 건축물대장은 정부24 사이트에서 무료 열람이 가능합니다. 자세한 방법은 우측 QR 코드를 참고해 주세요.

02 건축물대장에서 확인해야 할 것

건축물대장의 모든 내용을 확인할 필요는 없습니다. 상단에 적힌 매물의 주소와 소유자 현황에 적힌 집주인의 정보가 계약서에 적힌 것과 동일한지 확인하면 됩니다. 간혹 등기부등본에 나온 주소와 건축물대장에 나온 주소가 다르게 표기된 경우가 있습니다. 등기부등본은 소유권과 같은 권리관계에 초점이 맞춰져 있어 공간에 대한 정보가 정확하지 않을 수 있습니다. 물리적인 공간은 건축물대장을 더 신뢰하면 됩니다. 그리고 공인 중개사에게 주소가 다른 것 같은데 왜 그런지, 어떻게 해야 하는지 물어보고 확실한 답변을 듣는 것이 좋습니다.

17
계약서 작성하기 5
- 중개대상물 확인설명서 확인하기

계약서를 작성하기 위해 여러 가지 서류를 확인하던 철수가 물었다.

"이제 더 이상 확인해야 할 서류는 없는 거지?"
"마지막으로 확인해야 할 게 딱 한 개 더 남았어."
"뭐? 또 남아있다고? 그게 뭔데?"
"바로, 중개대상물 확인설명서야. 마지막 서류니까 힘내서 확인해 보자."

01 중개대상물 확인설명서란?

중개대상물 확인설명서는 공인 중개사와 세입자 간의 분쟁을 방지하기 위한 것으로 공인 중개사가 집에 대한 각종 정보를 충분히 설명했고, 세입자는 이를 확인하고 계약했음을 명시하는 문서입니다. 분쟁 발생 시 손해배상 책임의 중요한 근거 자료가 됩니다.

■ 공인중개사법 시행규칙[별지 제20호서식] <개정 2017. 6. 8.> (제1쪽)

중개대상물 확인·설명서[I] (주거용 건축물)

([ ] 단독주택 [√] 공동주택 [ ] 매매·교환 [√] 임대)

※ [ ]에는 해당되는 곳에 √표를 합니다.

확인·설명 자료	확인·설명 근거자료 등	[√] 등기권리증 [√] 등기사항증명서 [√] 토지대장 [√] 건축물대장 [√] 지적도 [ ] 임야도 [√] 토지이용계획확인서 [ ] 그 밖의 자료( )
	대상물건의 상태에 관한 자료요구 사항	거래당사자는 위 "확인· 설명근거자료 등"에 대한 사항을 발급/열람,검색을 통해 확인하였으며, 물건의 현장답사를 통해 육안으로 확인/ 인지한 후 개업공인중개사가 작성한 아래 9~12항에 대한 설명을 통해 각 항목 기재 사항을 확인하고 내용에 동의함.(등기권리증 미제출)

유의사항	
개업공인중개사의 확인·설명 의무	개업공인중개사는 중개대상물에 관한 권리를 취득하려는 중개의뢰인에게 성실·정확하게 설명하고, 토지대장등본, 등기사항증명서 등 설명의 근거자료를 제시하여야 합니다.
실제거래가격 신고	「부동산 거래신고 등에 관한 법률」 제3조 및 같은 법 시행령 제3조제1항제5호에 따른 실제 거래가격은 매수인이 매수한 부동산을 양도하는 경우 「소득세법」 제97조제1항 및 제7항과 같은 법 시행령 제163조제11항 제2호에 따라 취득 당시의 실제거래가액으로 보아 양도차익이 계산될 수 있음을 유의하시기 바랍니다.

I.개업공인중개사 기본 확인사항

①대상물건의 표시	토 지	소 재 지	서울특별시 금천구 가산동 238-55외 1필지 세움아트빌3차 에이동 703호			
		면 적(㎡)	266.1㎡	지 목	공부상지목	대
					실제이용 상태	대
	건축물	전용면적(㎡)	29.8㎡		대지지분(㎡)	266.1분의17.19
		준공년도 (증개축년도)	2016년	용 도	건축물대장상 용도	공동주택
					실제용도	공동주택
		구 조	철근콘크리트구조	방 향		남동향 (기준:)
		내진설계 적용여부		내진능력		
		건축물대장상 위반건축물 여부	[ ] 위반 [√] 적법	위반내용		

▲ 중개대상물 확인설명서

(1) 중개대상물 확인설명서 보는 방법

중개대상물 확인설명서는 계약할 때 공인 중개사가 출력해 줍니다. 이때 간단하게 설명도 해주는데, 다음 4가지는 반드시 확인해야 합니다.

① 1번 - 대상 물건의 표시 : 주소

소재지 칸에 적힌 주소가 계약서상의 주소와 동일한지 확인합니다.

①대상물건의 표시	토 지	소 재 지	서울특별시 금천구 가산동 238-55외 1필지 세움아트빌3차 에이동 703호			
		면 적(㎡)	266.1㎡	지 목	공부상지목	대
					실제이용 상태	대
	건축물	전용면적(㎡)	29.8㎡		대지지분(㎡)	266.1분의17.19
		준공년도 (증개축년도)	2016년	용 도	건축물대장상 용도	공동주택
					실제용도	공동주택
		구 조	철근콘크리트구조	방 향		남동향 (기준:)
		내진설계 적용여부		내진능력		
		건축물대장상 위반건축물 여부	[ ] 위반 [√] 적법	위반내용		

② 2번 - 권리관계 : 소유권 / 소유권 외의 권리

집의 소유자와 근저당에 대한 정보가 나와 있습니다. 명시된 내용이 등기부등본과 일치하는지 확인합니다. 아래 예시를 보면, '소유권 외의 권리사항'에 근저당 채권최고액이 각각 1.2억 원과 11.76억 원 설정되어 있습니다. 총 12.96억 원의 근저당이 주식회사 국민은행으로부터 등기되어 있음을 확인할 수 있습니다.

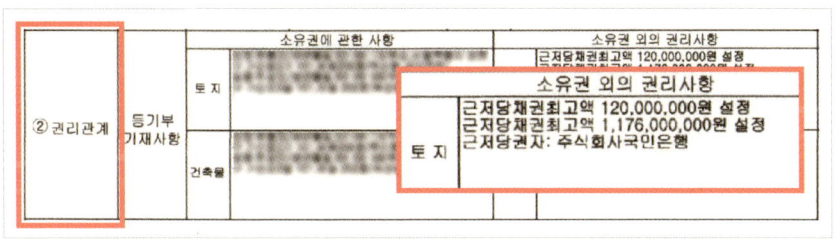

③ 9번 - 실제 권리관계 또는 공시되지 않은 물건의 권리 사항 : 선순위 보증금

해당 칸에는 다른 세입자들의 보증 금액이 적혀있습니다. 즉, '선순위 보증금'을 확인할 수 있습니다. 만약 다른 권리 사항이 적혀있다면, 공인 중개사에게 설명을 요청하세요.

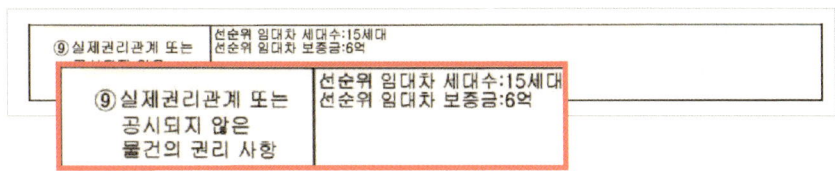

④ 13번 - 중개 보수 및 실비의 금액과 산출내역 : 중개 보수

공인 중개사에게 지급할 중개 보수 금액을 확인합니다. 좌측 중개 보수 칸의 총 금액과 우측 산출내역 칸의 산출 근거를 살펴보고 미리 조율했거나 예상했던

금액과 동일한지 확인하면 됩니다.

4가지를 모두 확인했다면 이제 계약서에 서명하면 됩니다.

1분 요약
계약 시, 서류 별로 아래 내용들을 체크하세요!

확인사항 / 서류	신분증	임대차 계약서	등기부등본	건축물대장	중개대상물 확인설명서
얼굴 일치 (임대인)	✓				
임대인 정보 (성명, 주민등록번호)	✓	✓	✓	✓	✓
주소 (내가 들어갈 집)		✓	✓	✓	✓
근저당 (채권최고액)		✓	✓		✓
선순위 보증금 (종합)					✓

18
부동산 계약 당일 준비물과 돌발 변수 대비하기

부동산 계약을 위해 필요한 서류를 모두 확인한 철수는 마음이 한결 가벼워졌다.

"서류를 확인하고 나니 안심하고 계약을 할 수 있을 것 같아."
"철수야, 그래도 아직 안심하긴 일러. 챙겨야 할 준비물도 있고, 계약 당일에 돌발 상황이 생길 수도 있어. 어떤 게 있냐면…."

01 계약 당일 챙겨야 할 준비물

(1) 신분증과 도장

① 신분증

계약 당사자 간의 신분을 확인하기 위해 주민등록증 혹은 운전면허증을 지참합니다.

② 도장

본인 명의의 도장을 지참합니다. 도장이 없을 때는 어떻게 해야 할까요? 대부분의 공인 중개사는 막도장[1]을 가지고 있습니다. 미리 공인 중개사에게 막도장을 부탁하면, 즉석에서 만들어 사용할 수 있도록 해줍니다.

지장이나 사인으로 도장을 대체해도 됩니다. 도장, 지장, 사인 등 어떤 방식으로 하건, 계약서의 진정성립[2]을 입증하는 데에는 차이가 없습니다.

02 확인해야 할 사항

(1) 일치 여부 (임대인의 이름, 주민등록번호, 얼굴, 들어갈 집의 주소)

신분증, 임대차 계약서, 등기부등본, 건축물대장, 중개대상물 확인설명서에는 임대인의 신분 정보와 여러분이 입주할 집의 주소가 나와 있습니다.

---

1) **막도장** : 글자 하나하나를 도장 틀에 끼워 즉석에서 모든 이름을 만들 수 있는 도장.
2) **진정성립** : 어떤 문서나 사실이 맞는다고 확인해 주는 것.

① 신분 정보 확인

모든 문서에 임대인의 신분 정보가 동일하게 적혀 있는지 확인합니다. 하나라도 다른 사람의 정보가 있다면 계약해선 안 됩니다. 해당 집이 임대인의 소유라는 것을 확실히 한 후 계약을 진행하세요.

② 동일인 여부 확인

신분증에 있는 사진과 임대인의 얼굴을 비교합니다. 신분증 도용으로 인한 사기를 방지하기 위해 반드시 필요한 절차입니다.

(2) 근저당 여부 확인

등기부등본의 을구(소유권 이외의 권리관계)에서 근저당 여부를 확인합니다. 앞에서 배운 보증금이 안전한지 계산하는 방법을 활용해 집주인이 집을 담보로 무리한 대출을 받지 않았는지 체크합니다.

> 선순위 보증금 + 내 보증금 + 채권최고액 < 집 시세의 70%

 돌발변수 1 - 대리인 또는 법인과 계약하는 경우

(1) 대리인과 계약하는 경우

임대인이 직접 계약하러 오지 않고, 대리인이 대신 오는 경우가 생각보다 많습니다. 그래서 계약을 하기 전에 임대인이 오는지, 대리인이 오는지 공인 중개사에게 미리 물어보는 것이 좋습니다. 만약 대리인이 온다면, 그 사람이 임대인의 위임을 받은 것이 확실한지 체크해야 합니다. 이는 대리인 필수 서류를 통해 확인할 수 있습니다. 대리인 필수 서류는 다음과 같습니다. 이 5가지 필수 서류가 모두 갖춰져야 합니다. 하나라도 빠졌다면 계약하지 않는 것이 안전합니다.

> 계약 위임장, 임대인 인감도장, 임대인 인감증명서, 대리인 신분증, 대리인 도장

계약은 대리인의 신분증과 도장으로 합니다. 이때, 대리인은 임대인이 준 계약 위임장, 임대인의 인감도장, 임대인의 인감증명서 이 3가지를 반드시 지참해야 합니다.

위임장에는 집주인이 대리인에게 권한을 위임한다는 내용이 담겨있어야 합니다. 인감도장은 국가에서 인정해 준 임대인의 공식 도장입니다. 그런데 그 도장이 국가에서 인정한 임대인의 진짜 인감도장인지 아닌지 어떻게 알 수 있을까요? 인감증명서로 확인 가능합니다. 인감증명서에는 임대인의 인감도장 문양이 나와 있습니다. 인감증명서에 나와 있는 도장 문양과 대리인이 가져온 임대인의 인감도장 문양이 일치하는지 확인하면 됩니다. 이렇게 계약 위임장과 임대인의 인감도장, 임대인의 인감증명서를 다 갖춰야 대리인이 대신 계약할 법적 효력이 생깁니다. 공인 중개사가 대리인일 경우, 임대인이 공인 중개사에게 권한을 위임한다는 위임장 내용을 확인하고 위와 동일한 절차로 진행하면 됩니다.

(2) 계약자가 개인이 아닌 경우

① 임대인이 임대사업자인 경우

임대인이 임대사업자인 경우가 있습니다. 집주인의 임대사업자 여부는 국가

와 임대인 사이에서 중요할 뿐, 임차인에게는 아무런 영향을 미치지 않으니 크게 신경 쓰지 않아도 됩니다.

② 임대인이 법인사업자인 경우

임대인이 법인사업자인 경우에는 법인사업자의 대표가 임대인이 맞는지 확인하고, 법인사업자가 지참해야 하는 필수 서류들을 체크합니다.

먼저, 임대인 신분증 명의와 임대인이 지참해온 법인사업자등록증에 나와 있는 대표자의 명의가 같은지 확인합니다. 신분증과 실제 얼굴도 대조해 봅니다.

그다음은 아래와 같이 법인사업자가 지참해야 하는 필수 서류들을 확인합니다.

> 법인사업자등록증, 법인 인감도장, 법인인감증명서, 법인 등기부등본

법인사업자등록증과 법인 등기부등본을 통해 실제로 존재하는 법인인지를 확인합니다. 법인사업자의 등록 사실 여부는 '홈택스'의 '사업자 조회' 항목에서 사업자 등록번호를 입력하여 조회해 볼 수 있습니다. 이후 법인 인감도장과 법인 인감증명서를 대조해 공식적인 도장인지를 확인합니다. 이 4가지를 준비하지 않은 경우 계약을 하지 않는 것이 안전합니다.

③ 법인사업자의 대리인이 계약하는 경우

법인사업자인 경우에도 임대인이 직접 나오지 않고, 대리인이 대신 계약하는 경우가 있습니다. 이때는 아래 나와 있는 것처럼 대리 계약과 관련된 세 가지 서류를 추가로 구비해야 합니다. 만약 아래 7가지 서류를 준비하지 않았다면 계약하지 않는 것이 안전합니다.

> 법인사업자등록증, 법인 인감도장, 법인인감증명서,
> 법인 등기부등본 + 위임장, 대리인 신분증, 대리인 도장

　이상 대리인 또는 법인과 계약하는 경우를 살펴봤습니다. 안타깝게도, 현실에서는 위에서 말씀드린 서류를 갖추지 않은 채 계약이 진행되는 경우가 많습니다. 필요한 서류들을 잘 챙기지 않고, 불성실하게 계약에 임하는 임대인, 공인 중개사가 존재하기 때문입니다. 필요 서류를 가져왔냐고 물어보면, "에이, 그걸 언제 다 챙겨요. 그냥 해도 괜찮아요. 매번 이렇게 해왔어요.", "제가 잘 아는 집주인이에요. 믿고 하셔도 돼요."라는 답변이 돌아옵니다.

　하지만, 지금 당장 편하자고 불완전한 계약을 하면 나중에 큰 후회를 할 수 있습니다. 계약은 한번 하면 되돌릴 수 없기에 다소 번거롭고 힘들더라도 확실하게 해야 보증금과 권리를 지킬 수 있습니다. 사전에 공인 중개사에게 임대인이 직접 오는지, 대리인이 오는지를 확인하고 대리인이 올 경우 필요한 서류들을 챙겨오지 않으면 계약을 진행하지 않으며, 그 책임은 임대인과 공인 중개사에게 있다는 것을 명확하게 말하세요. 사회 초년생이 이렇게 말하는 게 다소 껄끄러울 순 있겠으나 이런 사람이 사회에 많아져야 공인 중개사도 경각심을 갖고 정석대로 계약에 임하게 될 것입니다.

❝ 이렇게 멘트하세요 ❞

> "임대인 측 필요 서류들을 다 챙겨오실 수 있나요?
> 그렇지 않으면, 계약하기 어렵습니다."

04. 돌발 변수 2 - 전입신고가 안 되는 집인 경우(오피스텔)

대부분의 오피스텔은 전입신고가 가능합니다. 하지만 간혹 전입신고가 안 되는 오피스텔이 있습니다. 왜 이런 경우가 생기는 걸까요?

임대인은 임차인에게 월세를 받으면 그에 따른 세금을 납부해야 합니다. 그런데 일부 임대인 중에는 임차인에게 월세를 받으면서도 마치 공실인 것처럼 속여 세금을 탈루하는 사람이 있습니다. 어떻게 이것이 가능한 걸까요? 임차인이 전입신고를 하지 않으면 국가는 이 집에 임차인이 들어왔는지 안 들어왔는지를 알 수가 없습니다. 그래서 일부 임대인은 임차인이 전입신고를 하지 못하도록 계약서에 특약사항을 겁니다. 그러나 임차인 입장에서는 전입신고를 하지 못하면 주택임대차 보호법의 보호를 받을 수 없어 보증금이 위험해집니다. 따라서 전입신고가 되지 않는 오피스텔은 들어가지 않는 것이 안전합니다. 보통 방을 보여줄 때 공인 중개사가 미리 "이 집은 전입신고가 안 돼요."라고 말을 해줍니다. 이때는 전입신고가 가능한 다른 방을 보여 달라고 하세요. 사전에 이런 상황을 만들지 않는 것이 가장 좋습니다.

19
누구보다 똑똑하게 이사하는 법

민수 덕분에 무사히 계약서 작성까지 마친 철수. 입주일만 손꼽아 기다리고 있다. 그런데 가벼운 마음으로 민수에게 전화를 걸었다가, 생각지도 못한 얘기에 당황하고 만다.

"너 이사 준비는 잘 돼가?"
"이사 준비? 그냥 짐 싸서 옮기면 되는 거 아니야? 새로 사야 할 것만 좀 찾아보고 있었는데?"
"설마 입주일에 잔금 치르는 거 잊은 건 아니지?"
"아, 맞다!"
"미리미리 준비해두지 않으면 이사 첫날부터 새집에 못 들어갈 수도 있는데…."
"뭐라고???"

첫 자취의 설렘에 들떠 있던 철수는 그제야 정신을 차리고 민수에게 다시 도움을 청했다.

"형, 이사 준비는 뭐부터 해야 해?"

01 단계별 체크 포인트

아래 타임라인에 맞춰 준비해야 할 것들을 하나씩 알려드리겠습니다.

이사 전	이체 한도 높이기		짐 싸기		이사 준비하기		
이사 당일	이사하기	잔금 납부	중개 보수 지급	비밀번호 바꾸기	공과금 정산하기	손상된 부분 사진, 영상 촬영하기	
이사 후	확정일자 받기				전입신고 하기		

(1) 이사 전

① 이체 한도 높여 놓기

대학생과 사회 초년생은 계좌의 이체 한도 금액이 적습니다. 그래서 충분한 돈이 있음에도 불구하고, 이체 한도가 막혀 이삿날 잔금을 보내지 못하는 상황이 종종 발생합니다. 안타깝게도 잔금을 내지 않으면 집에 들어갈 수 없습니다. 심지어 물건도 놔둘 수 없습니다. 잔금 여부와 관계없이 세입자가 방에 들어가면 아무리 집주인이라 해도 마음대로 쫓아낼 수 없고, 세입자의 물건에도 손을 댈 수 없기 때문입니다. 그래서 대부분의 집주인은 세입자가 잔금을 다 치르기 전까지는 절대로 집 안에 들여보내 주지 않습니다. 물론 가끔 너그러운 집주인은 허락해 주기도 하지만, 애초에 이런 상황을 기대해서는 안 됩니다. 이사 전에 미리 이체 한도를 확인하고, 부족하다면 한도를 늘려야 합니다. 만약 당일에 한도가 부족하면 어떻게 해야 할까요? 번거롭지만 이삿짐을 집 앞에 두고 근처 은행에 가서 한도를 늘리고 입금을 진행하면 됩니다.

② 짐 싸기

원룸의 경우 옷가지, 각종 소모품 등 개인 짐들만 챙기면 됩니다. 박스는 비싸고 이사 후 공간을 많이 차지하므로 다이소에서 파는 튼튼한 김장 봉투를 추천합니다. 큰 짐이 있어서 이사 전에 먼저 옮겨 놓고 싶다면, 공인 중개사를 통해 집주인에게 허락을 구해야 합니다. 잔금을 치르기 전에는 문을 열어주지 않는 것이 원칙이므로 집주인이 허락하지 않을 수 있지만, 양해를 구하면 허락해 주는 분들도 있습니다.

③ 이사 준비하기

이사 전에 미리 준비해야 하는 것들이 있습니다. 첫째는 기본 옵션 체크입니다. 옷장, 침대, 커튼, 책상, TV, 인터넷, 와이파이, 전자레인지 등 가구와 가전제품을 체크하고, 부족한 물품을 적습니다. 둘째는 바닥 치수 확인입니다. 부족한 물품을 구매하기 위해서는 입주할 집의 바닥 치수를 알아야 합니다. 계약 후, 공인 중개사에게 허락을 구하고 집을 한 번 더 방문해 줄자로 물건이 들어올 자리의 바닥 치수를 재세요. 줄자가 없다면 공인 중개사에게 빌리면 됩니다. 셋째는 물품 구매입니다. 필요한 물품과 치수를 알았으니, 이제 구매를 해야 합니다. 구매힌 물품들은 이삿날 한 번에 정리하면 편합니다. 즉, 배송일을 이삿날로 맞추면 좋습니다. 가구나 커튼/블라인드 등을 설치해 주는 방문 기사가 있다면, 시간을 미리 예약하는 것도 좋은 방법입니다.

(2) 이사 당일
① 이사하기

이삿날 아침에는 짐을 차로 옮겨야 합니다. 부모님, 친구, 지인이 차가 있다면 도움을 받을 수 있습니다. 쏘카와 같은 카 셰어링 앱이나 짐싸, 모두이사 등의 이사 서비스 앱을 활용할 수도 있습니다. 운전을 할 수 없다면 용달차 기사님을 불러야 합니다. 각자 상황에 맞는 방법으로 이사하면 됩니다.

▲ 카 셰어링 앱 쏘카와 이사를 도와주는 앱 짐싸와 모두이사

② 잔금 치르기 & 중개 보수 지급하기

잔금은 보통 이사하는 날 아침에 계좌 이체로 진행합니다. 이삿날에 정신이

없을 것 같으면 집주인에게 연락해 이사 전날 미리 입금해도 됩니다. 또, 이사 가는 차에서 휴대폰으로 이체하는 방법도 있죠. 큰돈을 보내는 게 처음이라 겁날 수 있지만, 계좌 이체는 기록이 남기 때문에 크게 염려하지 않아도 됩니다.

공인 중개사 법에 따르면, 중개 보수는 별도의 협의가 없으면 잔금이 완료된 날 지급하는 것을 원칙으로 합니다. 보통은 잔금을 치른 직후 공인 중개사가 중개 보수를 요청합니다. 그때 지급하면 됩니다.

③ 비밀번호 바꾸고 공과금 정산하기

현관문의 비밀번호를 바꿉니다. 보통은 공인 중개사가 문을 열어주고 비밀번호를 바꿀 수 있게 도와줍니다. 공인 중개사가 참관하지 않는다면 전화로 진행하면 됩니다. 전기, 가스, 수도요금과 같은 공과금도 정산합니다. 만약 매달 10일에 지난달의 공과금 고지서가 나오는데, 8일에 이사를 한다면 이틀 만에 한 달 치 공과금을 정산해야 하는 일이 발생할 수 있습니다. 이전 세입자가 내야 할 공과금을 대신 내는 것이죠. 이를 방지하기 위해 이사 당일 공과금 정산을 해야 합니다. 공인 중개사에게 물어보면 친절하게 도와줄 것입니다. 가끔 공인 중개사가 깜빡하고 신경을 쓰지 못하는 경우도 있는데, 그럴 땐 공과금 정산 확인을 도와달라고 먼저 말하면 됩니다.

만약 공인 중개사가 도와주기 어려운 상황이라면 직접 공과금 정산을 해야 합니다. 주택의 경우 수도 계량기, 전기 계량기, 도시가스 계량기를 보고 과거의 금액을 정산한 후, 그 명세를 집주인 혹은 공인 중개사에게 보내면 비용을 돌려받을 수 있습니다. 오피스텔은 관리사무소를 통해 쉽게 공과금 정산을 할 수 있습니다. 이후 고지서가 나왔을 때, 정산이 잘 되었는지 확인하면 됩니다.

④ 입주 전 손상된 부분 사진, 영상 촬영하기

새집이 아닌 이상 크고 작은 흠집이 있을 수밖에 없습니다. 이런 것들을 사진이나 영상으로 미리 찍어두지 않으면 나중에 이사를 나갈 때, 내가 물어줘야 할 수도 있습니다. 따라서 짐을 옮기기 전에 집 안 구석구석을 점검하고 손상된 부분은 사진이나 영상으로 증거를 남겨야 합니다. 증거를 남긴 후에는 짐을 나르고 정리하면 됩니다.

(3) 이사 후

① 전입신고와 확정일자

보증금을 안전하게 지키기 위해서는 이사 직후에 확정일자를 받고 전입신고를 해야 합니다. 이 과정은 뒤에서 자세히 알아보겠습니다.

20
보증금 지키는
전입신고와 확정일자 받기

드디어 입주 D-1. 철수는 설레는 마음으로 민수에게 전화를 걸었다.

"민수 형, 드디어 내일이 입주 일이야. 덕분에 순조롭게 준비할 수 있었어. 고마워."
"그래. 축하해. 앞으로도 궁금한 게 있으면 편하게 물어봐."
"알았어. 그래서 말인데, 내일 잔금만 치르면 다 끝나는 거지?"
"잔금 치르는 것도 중요하지만, 이사 후에 확정일자를 받고 전입신고를 해야 해."
"그게 뭔데?"
"보증금을 지키기 위해서 꼭 필요한 거니까 잘 들어."

01 전입신고, 확정일자란?

전입신고는 거주지를 옮긴 사람이 새로운 거주지의 관할 기관(주민센터 등)에 전입 사실을 신고하는 것을 말합니다. 즉, 법적으로 해당 주소에 살고 있음을 등록하는 것입니다.

확정일자는 주택 임대차 계약을 체결한 날짜를 공식적으로 입증받는 절차입니다. 임대차 계약서를 가지고 주민센터에 방문해 확정일자를 신청하면, 해당 날짜에 도장을 찍어줍니다. 그 날짜가 바로 확정일자입니다. 임대차 계약서가 실제 존재한다는 것을 국가 기관에 등록하는 것입니다. 전입신고를 하고, 확정일자를 받는다는 것은 합법적인 계약을 통해 이 집에 거주할 권리를 얻었고, 실제로 거주하고 있음을 공식적으로 등록하는 것입니다.

왜 전입신고와 확정일자가 중요할까요? 소중한 나의 보증금을 지키는 안전장치의 역할을 하기 때문입니다. 주택임대차 보호법의 보호를 받기 위해서는 전입신고, 실제 거주(점유), 확정일자가 필수요건입니다. 셋 중 하나라도 빠지면 보호를 받을 수 없습니다. 그리고 전입신고와 확정일자는 경매로 집이 넘어갔을 때, 돈을 돌려받는 순서에 나를 포함하는 역할을 합니다. 쉽게 말해 "내가 O 번째 순서로 돈 받을 사람이야"라는 것을 법적으로 기록해두는 것입니다. 은행은 돈을 빌려주고 등기부등본에 근저당권을 설정하는 방법으로 기록합니다. 세입자는 전입신고와 확정일자를 통해 기록하죠. 나라와 법원에서는 이 기록을 보고 순서대로 돈을 돌려줍니다. 따라서 소중한 보증금을 지키기 위해서는 반드시 전입신고를 하고 확정일자를 받아야 합니다. 안 하거나 늦게 하면 그만큼 돈 받을 순서가 뒤로 밀리는 것이므로 가급적 이사 직후 바로 하는 것이 좋습니다.

02 전입신고와 확정일자 받는 방법

(1) 전입신고하는 방법

① 방법

주민센터에 방문해 전입신고서를 제출하는 방법과 인터넷으로 신고하는 방법이 있습니다.

② 준비물

주민센터 방문 시에는 신분증을 지참해야 하고, 인터넷으로 신청할 때는 공인인증서가 필요합니다.

③ 인터넷 신청 방법

오른쪽 QR 코드를 확인해 주세요.

(2) 확정일자 받는 방법

① 방법

확정일자는 주민센터에서 받을 수 있습니다. 전입신고 역시 주민센터에서 가능하기 때문에 보통은 확정일자와 전입신고를 동시에 진행합니다. 물론, 확정일자는 인터넷으로도 받을 수 있습니다.

② 준비물

주민센터 방문 시에는 신분증과 임대차 계약서를 지참해야 합니다. 인터넷으로 신청할 때는 공인인증서와 임대차 계약서의 스캔본 파일을 준비해 주세요.

③ 인터넷 신청 방법

오른쪽 QR 코드를 확인해 주세요.

여기서 잠깐

전월세 신고제란?

2021년 6월 1일부터 서울과 수도권 그리고 기타 광역시와 세종시를 대상으로 전월세 신고제가 시행되었습니다. 전월세 신고제는 임대차 시장을 투명하게 하기 위해 만든 제도로, 보증금이 6천만 원이 넘거나 월세가 30만 원이 넘는 임대차 계약은 모두 국가에 신고해야 함을 명시하고 있습니다. 신고는 계약한 날로부터 30일 이내에 이루어져야 하며, 임대인과 임차인 둘 중에 한 명만 하면 됩니다. 가까운 주민센터에서 신고가 가능하므로 전입신고를 할 때 같이 진행하면 편합니다. 신고를 안 하면 과태료가 부과되니 꼭 기한 내에 신고하세요.

21
집주인에게 수리를 요구하는 방법

드디어 첫 자취 생활이 시작되었다! 그런데 한 달 뒤, 샤워하던 철수에게 갑자기 날벼락이 떨어졌다. 어제까지만 해도 잘 나오던 온수가 갑자기 뚝 끊기고 얼음장같이 차가운 물만 나오는 것이었다. 보일러가 고장 난 듯했다. 그런데 이 문제를 집주인에게 말해야 할지, 개인적으로 수리를 해야 할지 고민이 됐다. 인터넷을 찾아봐도 사람마다 말이 제각각이라 결국 자취 베테랑 민수에게 SOS를 쳤다.

"아, 그건 집주인에게 수리해 달라고 요구하면 돼."
"그래? 앞으로 살면서 수리가 필요한 건 전부 집주인에게 말하면 돼?"
"전부 수리를 요구할 수 있는 건 아니야. 기준을 알려 줄게. 예를 들어…."

01 수리를 요구하는 기준

(1) 집주인에게 수리를 요구할 수 있는 사항

집주인이 수리를 해줄 것이냐, 세입자가 수리해서 써야 하느냐에 대해 100% 적용되는 정답은 없습니다. 여러 가지 상황에 따라 달라질 수 있기 때문입니다. 그럼에도 불구하고 어느 정도의 기준은 있어야 하기에 대법원 판례와 기존 관례에 비추어 기준을 알려 드리겠습니다.

집주인이 수리를 해줘야 하는 기준입니다. 먼저, 수리하지 않으면 당장 기본적인 생활이 불편한 경우입니다. 콘센트에 전기가 들어오지 않거나, 전등 스위치가 작동을 안 하거나, 창문이 깨져 비바람이 들어오는 것 등이 이에 해당합니다.

두 번째는 보일러 고장처럼 큰돈이 들어가는 경우입니다. 5만 원 이상의 큰돈이 들어갈 때는 집주인이 수리를 해줘야 합니다.

마지막으로 집과 시설의 노후화, 시설의 불량, 자연 마모로 문제가 생겼을 경우입니다. 예를 들어, 변기가 오래되어 금이 가 물이 샌다면 집주인이 수리를 해줘야 합니다. 이 외에도 세탁기, TV, 인터넷 등 계약 시 옵션 항목의 고장도 집주인의 몫입니다.

(2) 세입자가 수리해야 하는 사항

세입자가 수리해야 하는 기준입니다. 먼저, 당장 생활에 큰 지장이 없는 경우입니다. 싱크대 수납장의 문이 잘 안 닫힌다거나 방충망이 약간 찢어져서 벌레가 들어오는 것 등이 이에 해당합니다.

두 번째는 5만 원 이하의 적은 돈이 들어가는 경우입니다. 전등이 나가서 불이 안 켜지거나 샤워기 헤드에서 물이 새는 경우 등은 세입자가 수리해야 합니다.

마지막으로 사용 및 부주의로 인해 시설물이 파손되거나 고장 나는 경우입니다. 물을 틀다가 수도꼭지가 부서졌거나, 문을 여닫다가 문고리가 고장 난 경우, 변기가 막혀서 물이 안 내려가는 것 등은 세입자가 고쳐야 합니다.

(3) 책임소재가 불분명한 경우 대처 방법

위 기준을 적용했는데도 잘 모르겠을 때는 먼저 집주인에게 피해 상황을 설명하고 수리를 요구합니다. 수리를 안 해줄 경우, 피해 상황을 사진과 영상으로 남깁니다. 그다음 수리를 진행하고, 영수증을 잘 보관합니다. 수리 후의 모습도 사진과 영상으로 남겨 놓습니다. 이후 전문가와 상담하여 책임 소재가 집주인에게 있다면 수리 비용을 청구하면 됩니다.(지자체 전월세 지원센터, 132(국번 없이) 법률구조공단에 상담) 만약, 대화와 협의가 잘 안되면 소송을 진행해야 합니다.

(4) 월세와 전세에 차이가 있을까?

한때 월세는 집주인이 수리하고 전세는 세입자가 수리한다는 인식이 있었습니다. 왜 이런 인식이 생겨난 걸까요? 집주인이 월세 세입자를 더 선호했기 때문입니다. 과거에는 월세를 살려는 사람이 많지 않았습니다. 그래서 집주인은 월세 세입자를 들이기 위해 도배나 장판을 새로 해주는 등 많은 혜택을 주었습니다. 반면, 전세 세입자에게는 별다른 혜택을 주지 않았죠. 이런 문화가 지속되면서 잘못된 인식이 퍼지게 되었습니다. 하지만, 집 수리에 대해서는 월세 건 전세 건 차이가 없습니다. 모두 임대차 계약이고, 법적인 성질이 동일합니다.

02 셀프 인테리어와 복구 기준

(1) 셀프 인테리어를 할 수 있을까?

대부분의 세입자는 소소하게 집을 꾸미는 범위를 넘으시는 인테리어(ex. 도배, 장판)를 잘 하지 않습니다. 그러나 가끔 인테리어에 의욕을 보이는 분들이 있습니다. 혹시 인테리어를 할 생각이라면, 임대차 계약 시 미리 협의하고 특약에 적어두는 것이 좋습니다. 저마다 생각하는 인테리어의 수준이 다릅니다. 그래서 사전에 구체적이고 명확하게 글이나 사진으로 정리해서 집주인에게 양해를 구해야 합니다. 계약서 특약 사항에 상세히 기재해야 나중에 문제가 생기지 않습니다.

원상 복구를 어떻게 할 건지에 대해서도 이야기를 나눠야 합니다. 집주인이 인테리어 제안을 마음에 들어 하고 원상 복구를 안 해도 된다고 하면 괜찮지만, 원상 복구를 요구하면 그 비용까지 감당할 만큼 인테리어가 필요한지 따져봐야 합니다.

(2) 집을 나갈 때 어디까지 원상 복구를 해야 할까?

① 자연 마모, 생활하자는 원상 복구 의무가 없습니다.

자연적으로 소모되거나 더러워진 것들은 원상 복구하지 않아도 됩니다. 도배지가 오래되어 누레진 다거나 장판에 난 작은 생활 흠집 등이 이에 해당합니다.

② 임차인의 부주의로 인한 훼손은 원상 복구해 줘야 합니다.

반려견의 배설물로 인한 오염, 과도한 낙서, 실내 흡연으로 인한 도배 변색 등 임차인의 부주의로 인한 훼손은 원상 복구해 줘야 합니다.

③ 분쟁을 막기 위해 입주 시 사진이나 영상을 촬영해 둡니다.

원상 복구는 임대차 계약 시 집 상태를 기준으로 합니다. 그래서 입주하는 날에 사진이나 영상으로 집안 곳곳을 기록해둬야 합니다. 사진이나 영상이 있으면, 추후 분쟁이 생겼을 때 해결이 쉬워집니다.

④ 의견 차이가 심한 경우 민사 소송으로 해결합니다.

원상 복구 책임이 없는 상황인데, 집주인이 멋대로 보증금에서 수리비를 제하고 돌려줄 수 있습니다. 이렇게 말이 통하지 않는 경우에는 민사 소송으로 가는 방법밖에 없습니다. 하지만 소송은 이긴다고 해도 그 과정이 매우 힘듭니다. 약간의 손해를 감수하고 넘어갈지, 끝까지 법적인 판단을 받아볼지 잘 생각해봐야 합니다.

집주인에게 수리를 요구하는 기준	
집주인에게 수리를 요구할 수 있는 사항	수리하지 않으면 당장 기본적인 생활이 불편한 경우
	큰돈이 들어가는 경우
	집과 시설의 노후화, 시설의 불량, 자연 마모로 문제가 생겼을 경우
세입자가 수리해야 하는 사항	생활에 큰 지장이 없는 경우
	5만 원 이하의 적은 돈이 들어가는 경우
	사용 및 부주의로 인해 시설물이 파손되거나 고장 나는 경우
책임 소재가 불분명한 경우 대처 방법	피해 상황을 사진과 영상으로 남기고 일단 수리 후, 집주인에게 비용 청구
월세, 전세에 따라 수리 유무가 달라질까?	월세나 전세나 모두 동일함

셀프 인테리어와 복구 기준	
셀프 인테리어를 할 수 있을까?	사전에 집주인의 양해를 구하고, 계약서에 특약으로 남기되, 원상 복구까지 이야기 나눠야 함.
이사 나갈 때 원상 복구 범위와 기준	① 자연 마모, 생활하자는 원상 복구 의무가 없음
	② 임차인의 부주의로 인한 훼손은 원상 복구해야 함
	③ 분쟁을 막기 위해 입주 시 사진이나 영상을 촬영
	④ 의견 차이가 심한 경우 민사 소송으로 해결

22
보증금을 지키면서 이사 나가는 방법

이 집에 산 지도 벌써 2년, 철수는 이제 정들었던 첫 자취방을 떠나려고 한다. 살고 있던 집의 재계약 일이 일주일 정도 남은 상황이라 월세 보증금을 돌려받기 위해 집주인에게 문자를 했다.

'안녕하세요. 제가 이번에는 재계약이 어려워 연락드립니다. 보증금은 계약 만료일에 바로 보내주시는 거 맞을까요?'
'네? 이렇게 갑자기 얘기하시면 어떡해요? 별말 없길래 이번에도 계약 연장하겠거니 생각하고 있었는데… 곤란하네요.'
'죄송합니다….'

계약이 끝나는 날 자동으로 보증금을 돌려받는 줄 알았던 철수. 이제 어떻게 해야 할까? 다시 민수에게 도움의 손길을 요청할 때다.

"형, 이번에 이사를 나가야 하는데 집주인이 보증금을 바로 주기 어렵다고 하네…. 이럴 때는 어떻게 해야 해?"

01 계약이 끝나는 날 보증금을 받아서 이사 나가는 방법

세입자 입장에서는 계약이 끝나는 날 보증금을 돌려받는 것이 가장 좋습니다. 돌려받은 보증금으로 새롭게 입주할 집의 잔금을 치르고 이사를 하는 것이죠. 보통 목돈이 없는 사회 초년생, 전세로 사는 가족들이 이런 식으로 이사를 다닙니다.

그렇다면, 어떻게 해야 계약이 끝나는 날 바로 보증금을 돌려받을 수 있을까요? 먼저 집주인에게 계약 만료 최소 2개월~최대 6개월 전에 재계약을 하지 않고 이사를 나가겠다고 통보합니다. 그리고 나서 계약이 끝나는 날 보증금을 돌려받는 것이 가능한지를 물어봅니다. 이때 집주인에게 나올 수 있는 반응은 크게 두 가지입니다.

첫 번째는 가능하다고 하는 경우입니다. 보증금 액수가 크지 않으면 (보통 1,000만 원 이하) 계약 만기 날에 집주인이 보증금을 자신의 현금으로 돌려줍니다. 집주인의 확답을 들었으니, 이제 그 날짜에 맞춰 새로 이사 갈 집을 구하고 이삿날 잔금을 치르면 됩니다.

두 번째는 다음 세입자를 구할 때까지 기다려 달라고 하는 경우입니다. 이때는 새로운 세입자가 계약할 때까지 기다리는 수밖에 없습니다. 새로운 세입자는 나와 집주인의 계약이 끝나기 전에 들어올 수도 있고, 끝난 이후에 들어올 수도 있습니다. 즉, 새로운 세입자가 계약하기 전까지는 보증금을 언제 돌려받을지 알 수가 없습니다. 따라서 이사 갈 집을 미리 구해서는 안 됩니다. 보증금을 못 받은 상태에서는 새롭게 이사 갈 집의 잔금을 치를 수도 없을뿐더러 보증금을 받지 않고 나가게 되면, 계약 파기로 간주되어 보증금을 돌려받지 못할 수도 있기 때문입니다.

새롭게 이사 갈 집은 나중에 집주인에게 다음 세입자와 계약이 됐다고 연락이 오면 그때부터 보러 다니면 됩니다. 이사 역시 새로운 세입자가 들어오는 날에 맞춰서 진행하면 되고요.

02 계약이 끝나기 전에 보증금을 받아서 이사 나가는 방법

계약이 끝나기 전에 집을 옮겨야 해서 보증금이 필요할 수 있습니다. 이럴 땐 어떻게 해야 할까요? 크게 세 가지 방법이 있습니다.

(1) 일단 말해 보기

대부분의 집주인은 계약 기간 만료 전에는 보증금을 돌려주지 않습니다. 하지만 간혹 마음씨가 좋은 집주인이나 현금 사정에 여유가 있는 집주인은 흔쾌히 허락해 주기도 합니다. 일단 집 주인에게 세입자를 구해준다는 말없이 그냥 부탁해 봅니다.

사정이 생겨서 계약이 끝나기 전에 이사를 나가야 할 것 같습니다.
보증금을 먼저 받을 수 있을까요?

안 된다고 하면 세입자를 구해주고 나가거나 만기까지 기다리는 수밖에 없습니다. 만약 계약 만기가 2~3일밖에 안 남았다면 그나마 돌려받을 가능성이 있지만 이것도 보증금 액수가 적은 월세에만 해당하고, 전세는 금액이 커서 미리 돌려받기가 쉽지 않습니다.

(2) 위약금을 내고 계약 해지 요구하기

집주인에게 동의를 구해 위약금을 내고 계약을 해지할 수 있습니다.

사정이 생겨서 계약이 끝나기 전에 이사를 나가야 할 것 같습니다.
외국으로 빨리 나가야 해서 세입자를 구해드릴 시간은 없고,
위약금을 드릴 테니 보증금을 돌려주시겠어요?

위약금은 보통 3개월 치 월세를 내는데, 정해진 것은 아니고 협상하기 나름입니다. 계약 만기까지 1~2개월 남은 경우에는 나머지 월세를 미리 내고 보증금을 받아서 이사하면 되고, 3개월 이상 남았을 때는 집주인과 잘 이야기해서 위약금을 내고 보증금을 돌려받으면 됩니다. 단, 현금 여유가 없는 집주인은 위약금을 준다고 해도, 당장 보증금으로 돌려줄 목돈이 없기 때문에 동의를 안 해줄 수도 있습니다. 이럴 경우는 세입자를 구해주고 나가는 방법밖에 없습니다.

(3) 새로운 세입자를 구해주고 나가기

세입자를 구해야 하는 수고로움과 동시에 중개 보수까지 내야 합니다. 중간에 계약을 해지한 대가가 있는 셈이죠. 하지만 현실에서는 이 방법을 가장 많이 사용합니다. 먼저, 집주인에게 메시지를 전달하고 동의를 구합니다.

> 사정이 생겨서 계약 만기 전에 이사를 나가야 할 것 같습니다.
> 부동산에 집을 내놓고 새 세입자를 구해드리겠습니다.
> 중개 보수는 제가 부담하겠습니다.

하지만 집주인이 동의를 안 해줄 수도 있습니다. 메시지를 전달했는데 계약 만기까지 살라고 하면 어쩔 방도가 없습니다. 물론 99%의 집주인은 동의를 해줍니다. 중개 보수도 안 들고, 공실 걱정도 없으며 집을 내놓는 수고까지 덜 수 있기 때문입니다.

집주인의 동의를 얻었으면, 공인 중개사에게 연락해 새로운 세입자를 구해달라고 요청합니다. 이후부터는 새로운 세입자가 방을 보러 올 때, 문을 열어주는 일 외에는 딱히 할 일이 없습니다. 공인 중개사와 집주인, 새로운 세입자가 알아서 계약을 진행합니다.

세입자가 구해지면, 공인 중개사를 통해 세입자와 이사 날짜를 맞춘 후, 집주인에게 연락해 보증금을 받고 나가면 됩니다.

03 계약이 끝나기 전에 보증금을 안 받은 채로 이사부터 나가는 방법

집주인은 계약 만기 전에 보증금을 못 돌려주겠다고 하는데, 세입자가 부득이한 사정으로 당장 이사를 해야 하는 상황입니다. 보증금을 떼일 위험이 있기 때문에 웬만하면 이런 식으로는 이사 나가지 않는 것이 좋습니다. 그럼에도 불구하고 꼭 이사를 해야 한다면 대항력을 유지해야 합니다. 어떻게 대항력을 유지할 수 있을까요?

(1) 대항력을 유지하면서 이사 나가는 방법

이사 올 때 우리는 전입신고를 했습니다. 그리고 실제로 짐을 두고 집에 거주하고 있죠. 내 소유의 짐들이 특정 공간 안에 있는 것을 '점유'라고 합니다. 전입신고와 점유가 갖춰지면, 대항력이 생깁니다. 대항력은 집이 경매로 넘어갔을 때, 먼저 돈을 돌려받을 권리라고 이해하면 쉽습니다.

자, 보증금을 못 받은 상태에서 갑자기 이사해야 하는 상황이 발생했습니다. 어떻게 해야 할까요? 짐의 일부를 집에 놔둔 상태로 몸만 나가면 됩니다. 물론 전입신고도 그대로 유지해야 합니다. 이렇게 하면 기존 집에 전입신고와 점유가 적용되면서 몸이 나가더라도 대항력을 유지할 수 있습니다. 이 상태로 나가서 살다가 계약이 끝나는 날 집주인에게 보증금을 돌려받으면 됩니다.

그런데 한 가지 의문점이 생깁니다. 새로 이사 가는 집에도 보증금을 내야 한다면 그 보증금을 지키기 위해 새로운 집으로 전입신고를 해야 합니다. 문제는 전입신고는 한 곳에만 가능하다는 것이죠. 새로운 집에 전입신고를 하면 기존 집의 전입신고를 유지할 수가 없습니다. 이런 이유로 보증금을 받지 않은 상태에서 이사 나가는 게 쉽지 않은 것입니다. 새로 이사 가는 집이 가족이나 친척, 친구나 지인 집이어서 보증금을 안 내고 살 수 있는 곳, 즉 전입신고를 하지 않아도 되는 곳이어야만 이 방법이 가능합니다.

다만, 가족 구성원과 같이 살고 있다면 새롭게 전입신고를 해도 됩니다. 예를 들어, 기존 집에 여동생과 함께 전입신고(둘 다 전입신고)를 하고 살고 있었다면, 내가 새로운 곳에 전입신고를 해도 여동생이 계속 살고 있고(점유) 여동생의 전입신고가 남아 있으므로 대항력을 유지할 수 있습니다. 이처럼 같이 사는 가족 구성원이 있다면 새로 이사 나가는 집에 전입신고를 해도 괜찮습니다.

(2) 집주인을 믿고 이사 나가기

집주인을 믿는다는 것은, 집주인의 집이 경매로 넘어가지 않을 것이라는 믿음과 보증금을 성실하게 돌려줄 것이라는 믿음 둘 다를 의미합니다. 반대로 말하면, 집이 경매로 넘어가거나 집주인이 보증금 반환을 안 해주면 보증금을 날릴 수 있습니다.

보증금 액수가 크지 않은 경우(500만 원 이하)에는 이런 식으로 나가기도 합니다. 하지만 위험한 방법이므로 웬만하면 보증금을 받아서 나가는 것이 좋습니다. 세상일이라는 게 어떻게 될지 아무도 예상할 수 없습니다. 그래서 나가기 전에 집주인에게 꼭 당부해놔야 합니다.

> 계약이 아직 안 끝났지만, 이사부터 나가야 하는 상황입니다. 계약 만기 때 보증금 반환 꼭 부탁합니다.

이렇게 메시지를 전달한 후, 계약이 만료되는 날 보증금을 돌려받으면 됩니다.

04 계약이 끝났는데 보증금을 안 돌려줄 때 이사 나가는 방법

계약이 만료되어 이사를 해야 하는데 집주인이 보증금을 안 돌려주는 경우입니다. 보통은 새로운 세입자를 구하지 못해 이런 문제가 발생합니다. 도심에서는 새로운 세입자가 한두 달이면 다 구해집니다. 좀 오래 걸린다 쳐도 반년 정도입니다. 그러나 간혹 외진 곳에 있는 집들은 세입자를 구하기까지 1년이 걸리기도 합니다. 그래서 애초에 사람이 별로 살지 않는 동네는 주의해서 들어가야 합니다. 이렇게 계약이 끝났는데도 집주인이 보증금을 돌려주지 않을 때는 세 가지 선택권이 있습니다.

(1) 안 나가고 버티면서 보증금 받아내기

보증금을 돌려주기 위해 애쓰는 집주인도 있지만, 새로운 세입자가 구해질 때까지 느긋하게 기다리는 집주인도 있습니다. 여러분이 '너그러운 마음으로 기다려 드릴게요'라고 하면 더더욱 돈을 구하러 다니지 않습니다. 그래서 아래와 같이 단호하게 메시지를 전달해야 합니다.

> 회사를 옮겨서 여기서 출퇴근이 어렵습니다.
> 그런데 보증금을 못 받아서 지금 이사도 못 가고 불편이 이만저만이 아닙니다. 최대한 이른 시일 내로 보증금을 반환해 주세요.
> 세입자가 안 구해지면 돈을 빌려서라도 돌려주세요.

그다음은 어떻게 해야 할까요? 사실 기다리는 수밖에 없습니다. 대부분은 얼마 지나지 않아 세입자가 구해지고, 보증금을 돌려받습니다. 만약 기다려도 보증금을 돌려주지 않으면 보증금 반환 소송을 진행합니다. 물론, 집주인이 말이 잘 통하고, 믿음이 간다면 소송까지 가지 않고 조금 더 기다리셔도 됩니다. 하지만 그 반대라면, 소송을 진행해서라도 보증금을 받아내야 합니다. 소송 비용은 상황에 따라 다르지만, 100~500만 원 정도 하는데 승소할 경우 소송비를 포함해 모든 비용을 집주인에게 받을 수 있습니다.

　소송 기간은 보통 3~6개월 정도 걸립니다. 시간이 오래 걸리지만, 계속 세입자가 안 구해질 때를 대비해 진행해 놓아야 합니다. 대개는 소송이 진행되는 동안 세입자가 들어옵니다. 다만, 이렇게 소송 중에 보증금을 받으면 소송 비용은 세입자가 부담해야 합니다. 그럼에도 불구하고 보증금을 확실하게 받는 게 더 이득이라는 판단이 들면 소송을 진행하면 됩니다.

(2) 대항력을 유지하며 이사 나가는 방법
　대항력을 유지하면서 이사 나가는 방법은 크게 두 가지가 있습니다.

① 첫 번째 방법
　먼저, 대항력을 보존하기 위해 전입신고를 유지하고 짐을 약간 남겨둡니다. 이 상태에서 보증금 반환 소송을 진행하면서 이사를 나가면 됩니다. 집주인이 연락이 와 보증금을 돌려주면 받으면 되고, 계속 안 돌려주면 소송 판결을 통해 돌려받을 수 있습니다.

② 두 번째 방법
　보증금을 돌려 달라는 내용이 담긴 내용 증명[1]을 집주인에게 보냅니다. 그다음 해당 집의 등기부등본에 임차권 등기를 설정합니다. 임차권 등기는 이사를 나가도 대항력을 유지할 수 있도록 해주는 제도로 법원에서 신청할 수 있습니다.

---

1) 내용증명은 발송인이 수취인에게 어떤 내용의 문서를 언제 발송하였다는 사실을 우체국이 증명해 주는 제도입니다. 소송 시 관련 내용을 상대방에게 고지했음을 알리는 증거로 활용할 수 있습니다. 우체국을 방문 또는 우체국 사이트를 통해 온라인으로 발송 가능합니다.

임차권 등기와 동시에 보증금 반환 소송도 진행합니다. 내용증명, 임차권 등기, 보증금 반환 소송을 모두 마쳤다면, 이사를 나가도 됩니다. 이후 집주인이 연락이 와 보증금을 돌려주면 받으면 되고, 계속 안 돌려주면 소송 판결을 통해 돌려받을 수 있습니다.

사실, 이렇게 이사 나가는 경우는 흔치 않습니다. 지금은 자세한 내용을 알기보다는 이런 것이 있다는 것 정도만 숙지하고 추후 일이 발생했을 때 천천히 공부해도 늦지 않습니다.

(3) 집주인을 믿고 이사를 나가는 방법

마지막은 집주인을 믿고 이사 가는 방법입니다. 다만, 앞에서 설명한 것처럼 법적 보호를 받을 수 없는 위험한 방법이기 때문에 가급적 사용하지 않는 것이 좋습니다.

1분 요약

보증금을 지키면서 이사 나가는 방법	
계약이 끝나는 날 보증금을 받아서 이사 나가는 방법	계약 만료 최소 2개월~최대 6개월 전에 집주인에게 통보 & 물어보기
계약이 끝나기 전에 보증금을 받아서 이사 나가는 방법	일단 말해 보기
	위약금을 내고 계약 해지 요구하기
	새로운 세입자를 구해주고 나가기
계약이 끝나기 전에 보증금을 안 받은 채로 이사부터 나가는 방법	대항력을 유지한 상태로 이사 나가기
	집주인을 믿고 이사 나가기
계약이 끝났는데 보증금을 안 돌려줄 때 이사 나가는 방법	안 나가고 버티면서 보증금 받아내기
	대항력을 유지한 상태로 이사 나가기
	집주인을 믿고 이사 나가기

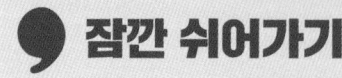 잠깐 쉬어가기

프로 자취러의 한 마디!

안녕하세요, 자취 경력 10년 차 직장인입니다. 저는 첫 자취방을 후미진 골목에 구했습니다. 가격이 저렴하다는 게 가장 큰 이유였죠. 그때는 그 동네가 치안이 몹시 좋지 않다는 것을 몰랐습니다. 그러던 어느 날, 이상한 남자가 며칠 동안 창문을 쳐다보더니 집 안으로 침입 시도를 하는 사건이 발생했습니다. 놀란 저는 경찰서에 신고하고 이후 CCTV도 달았지만, 결국 집을 옮길 수밖에 없었습니다. 마음이 너무 불안했거든요.

자취를 고민하는 여성이라면 집을 구할 때 낮에만 가지 마시고, 꼭 밤에도 한 번 가 보세요. 가로등이 충분히 있는지, 사람이 많이 지나다니는지 등을 꼼꼼하게 체크하길 바라요. 그리고 집에 방범창이 튼튼하게 잘 설치되어 있는지도 꼭 확인해 보는 게 좋습니다.

공인 중개소와 소속 공인 중개사 자격 여부 확인하는 법

거래하고 있는 공인 중개소가 허가를 받은 곳인지, 공인 중개사가 자격을 갖춘 사람인지는 어떻게 알 수 있을까요? 국가공간정보 포털에서 이를 확인할 수 있습니다. 먼저, 국가공간정보 포털에 접속한 후 우측 하단에 있는 부동산 중개업을 클릭합니다. 이후 화면에서 검색을 통해 공인 중개소와 소속 공인 중개사의 자격 여부를 확인할 수 있습니다.

▶ 국가공간정보 사이트 바로 가기

Part 2.
주거복지제도 활용하기

01
청년을 위한 주거복지제도

어느덧, 월세로 산 지 3년. 지금까지 낸 월세 비용만 해도 거의 2,000만 원에 달한다. 슬슬 주거비가 부담되던 철수는 선배 민수에게 전화해 넋두리를 늘어놓는다.

"민수 형, 다들 나처럼 월세로 살아? 부담이 이만저만이 아니네."
"그래서 요즘은 주거복지제도를 활용하는 사람들이 많아."
"주거복지제도? 그게 뭔데?"
"주거비가 부담스럽거나 내 집 마련이 필요한 사람들을 위해 국가에서 지원하는 제도야."
"그런 게 있었어? 당장 알아봐야겠는데?"

01 주거복지제도란?

　인간이 살아가는데 꼭 필요한 요소에는 무엇이 있을까요? 우선, 입을 옷이 있어야 합니다. 먹을 것도 있어야 하겠죠. 그리고 편하게 쉴 수 있는 집도 필요합니다. 이것을 줄여서 우리는 의식주라고 부릅니다. 이 중에 의복 문제는 개인의 노력으로 해결할 수 있습니다. 먹는 것도 스스로 해결할 수 있죠. 그런데 집 문제만큼은 개인의 노력만으로는 해결이 어렵습니다. 그래서 국가가 나서서 누구나 쾌적하고 안정적인 주거 환경에서 살아갈 수 있도록 다양한 지원 정책을 펼치고 있습니다. 이것이 바로 주거복지제도입니다.

　주거복지제도는 그 종류가 매우 다양하고 범위가 넓습니다. 모든 정책을 자세히 다룰 수 없기에 국토교통부 LH에서 운영하는 주거복지 포털 마이홈의 정보를 바탕으로 사회 초년생(20~30대)이 지원받을 수 있는 청년 정책에 초점을 맞춰 설명하겠습니다.

▲ 다양한 주거복지제도와 각 제도의 상세 정보를 쉽게 정리해서 알려주는 마이홈 사이트

02 청년을 위한 주거복지제도

주거복지제도는 크게 주택 지원과 자금 지원으로 나눌 수 있습니다. 청년 계층은 어떤 지원을 받을 수 있는지 하나씩 알아볼까요?

(1) 주택 지원

① 행복 주택

대학생, 신혼부부, 청년 등을 위해 지은 60㎡ 이하의 공공 임대주택입니다. 직장과 학교가 가까운 곳, 대중교통이 편리한 곳에 위치해 있으며 보증금 및 임대료가 시세의 60~80% 수준이라 경제적인 부담을 덜 수 있는 것이 큰 장점입니다. 대학생과 청년, 자녀가 없는 신혼부부는 최대 6년, 자녀가 있는 신혼부부는 최대 10년까지 거주할 수 있습니다.

입주 자격은 다음과 같습니다

계층		입주 자격	소득 수준
대학생	대학생	대학에 재학 중 또는 입·복학 예정인 혼인 중이 아닌 무주택자	본인 및 부모 월평균 소득 합계가 전년도 도시 근로자 가구원수별 가구당 월평균 소득의 100% 이하
	취업 준비생	대학(또는 고등학교 및 이와 동등한 학력이 인정되는 교육기관)을 졸업 또는 중퇴한 지 2년 이내인 혼인 중이 아닌 무주택자	
청년	청년	만 19세 이상 만 39세 이하 혼인 중이 아닌 무주택자	해당 세대 월평균 소득 합계가 전년도 도시 근로자 가구원수별 가구당 월평균 소득의 100% 이하
	사회 초년생	소득이 있는 업무에 종사한 기간이 총 5년 이내이며, 아래의 하나에 해당하는 혼인 중이 아닌 무주택자 1) 소득이 있는 업무에 종사하는 자 2) 퇴직한 후 1년이 지나지 않은 사람으로서 구직 급여 수급 자격을 인정받은 자 3) 예술인	
신혼부부	신혼부부	신청인 혼인 기간 7년 이내 또는 만 6세 이하의 자녀를 둔 무주택 세대 구성원	해당 세대 월평균 소득 합계가 전년도 도시 근로자 가구원수별 가구당 월평균 소득의 100% 이하 (맞벌이 120% 이하)
	예비 신혼부부	혼인을 계획 중이며, 입주 전까지 혼인 사실을 증명할 수 있는 자(혼인으로 구성될 세대원 모두 무주택자)	

더 자세한 정보와 신청 절차는 우측 QR 코드로 확인하세요!

② 행복 기숙사(공공 기숙사)

행복 기숙사는 대학생들의 주거비 부담을 덜고, 쾌적한 주거 여건을 마련하기 위해 건립된 기숙사입니다. 크게 공공 기숙사와 연합 기숙사로 나눌 수 있습니다. 공공 기숙사는 사립 대학 부지 내에 선립하는 기숙사로 해당 대학 학생들이 이용할 수 있습니다. 비용은 2인실 기준 월 24만 원 이하입니다. 연합 기숙사는 유휴 국·공유지에 건립하는 기숙사로 인근 대학의 학생들이 이용할 수 있습니다. 비용은 2인실 기준 월 19만 원 이하입니다.

행복 기숙사 거주 기간은 2년이며 1회에 한해 재계약이 가능합니다. 입주 자격은 대학별로 상이하므로 입사를 희망하는 학생들은 한국사학진흥재단 홈페이지 또는 재학 중인 대학교에 문의해 확인해야 합니다.

더 자세한 내용은 우측 QR 코드로 확인하세요!

③ 청년 전세 임대주택

입주대상자로 선정된 청년이 거주할 주택을 물색하면(공급 면적 60m^2 이하), 국가가 집주인과 대신 전세 계약을 체결한 뒤, 입주 대상 청년에게 월세로 재임대해 주는 주택입니다. 비싼 전세 보증금을 낼 돈이 없는 청년층의 주거 안정을 목적으로 한 정책입니다.

수도권의 경우 최대 1억 2천만 원, 광역시는 9,500만 원, 그 밖의 지역은 8,500만 원까지 전세 보증금을 지원해 줍니다. 지원 자격별로 다소 차이가 있지만, 3 순위 청년을 예로 들면, 임대 보증금 200만 원과 월 195,000원의 임대료만 내면 전세 보증금이 8,000만 원인 주택에 살 수 있습니다. 임대 기간은 2년으로 3회까지 계약이 가능합니다.(최장 6년) 단, 졸업 및 취업 후에는 재계약이 불가합니다.

지원 대상 및 자격은 다음과 같습니다.

	청년 전세 임대주택 지원 대상 및 자격	
지원 대상	대학생 또는 취업준비생 (19세~39세)	대학생(입주 신청일 현재 해당 연도 입학 및 복학 예정자를 포함한다), 대학 또는 「초·중등 교육법」 제2조 제3항에 따른 고등·고등 기술학교를 졸업하거나 중퇴한 후 2년 이내인 사람(졸업 유예자 포함)으로서 직장에 재직 중이지 않은 사람, 19세 이상 39세 이하인 자 ※무주택자이며 혼인 중인 자는 제외
지원 자격	1순위	생계·의료·주거급여 수급자, 한부모가족 차상위 계층 중 어느 하나에 해당하는 가구의 청년
	2순위	본인과 부모의 월평균 소득이 전년도 도시 근로자 가구당 월평균 소득의 100% 이하이고, 본인과 부모의 자산이 29,200만 원 이하, 자동차 기준 3,496만 원 이하인 자
	3순위	1,2순위에 해당하지 않는 사람 중 본인의 월평균 소득이 전년도 도시 근로자 가구당 월평균 소득의 100% 이하이고, 행복 주택(청년) 자산 기준 25,400만 원 이하, 자동차 기준 3,496만 원 이하인 자

더 자세한 내용은 우측 QR 코드로 확인하세요!

(2) 자금 지원

계층별로 다양한 자금 지원 정책이 있습니다. 이중 청년 계층은 어떤 자금 지원을 받을 수 있을까요?

① 주거 안정 월세 대출

저소득 계층의 주거 안정을 위해 월세 자금을 저금리로 대출해 주는 제도입니다. 매월 40만 원, 2년간 총 960만 원 한도로 대출을 지원하며, 취업 준비생과 사회 초년생[우대형]은 연 1%, 그 외[일반형]는 연 2%의 금리가 적용됩니다. 3년 만기 일시 상환 방식으로 1년 단위로 총 3번 연장이 가능합니다.(최장 6년) 대출 대상 주택은 전용 면적이 85㎡ 보다 작아야 하며(도시지역이 아닌 읍 또는 면 지역은 100㎡ 이하) 보증금 1억 원 이하, 월세 60만 원 이하의 조건을 모두 충족해야 합니다. 대출 지원 대상은 다음과 같습니다.

주거 안정 월세 대출 지원 대상			
지원 대상	주거급여 대상이 아닌 무주택자로서 다음 하나에 속하는 자	취업 준비생	부모와 따로 거주하는 자 또는 독립하려고 하는 자 중 만 35세 이하 무소득자로 부모 소득이 6천만 원 이하인 자
		사회 초년생	취업 후 5년 이내로 다음 조건을 모두 충족하는 경우 - 대출 신청일 현재 만 35세 이하인 자 - 부부 합산 연소득이 4천만 원 이하인 자

더 자세한 내용은 우측 QR 코드로 확인하세요!

② 주거 급여 - 청년 가구 지원

부모와 떨어져 사는 수급가구 청년이라면, 주거 급여를 별도로 지급받을 수 있습니다. 자세한 내용은 우측 QR 코드로 확인해 주세요.

02
나에게 딱 맞는
주거복지제도 알아보기

민수 덕에 다양한 주거복지제도를 알게 된 철수. 자신의 자격 요건에 부합하는 주거복지제도를 신청하고자 한다. 그런데 어려움이 이만저만이 아니다.

"형, 제도가 너무 많고, 각각 자격 요건이 다 다른데, 나에게 맞는 제도를 어떻게 찾을 수 있을까?"

"다 방법이 있지. 일단 마이홈 사이트에 들어가 봐. 그다음…"

01 주거복지제도 자가 진단하기

주거복지제도마다 자격 요건이 상이합니다. 나에게 맞는 제도를 하나씩 찾기에는 시간이 너무 오래 걸립니다. 이럴 때는 어떻게 해야 할까요? 마이홈 사이트에서는 이용자가 주거복지제도 신청 자격에 해당하는지를 빠르게 확인할 수 있도록 자가 진단 서비스를 제공하고 있습니다. 그럼 지금부터 하나씩 알아볼까요?

(1) 유형별로 진단하기

마이홈 사이트에 접속한 후, 상단에 있는 자가 진단 탭을 클릭합니다.

주거복지제도의 유형을 선택합니다. 주거급여, 공공주택(통합), 주택금융, 청년 월세 지원 중 진단받고 싶은 유형을 클릭하세요. 이후 나오는 질문에 답변을 적고, 오른쪽에 있는 결과 보기를 누릅니다.

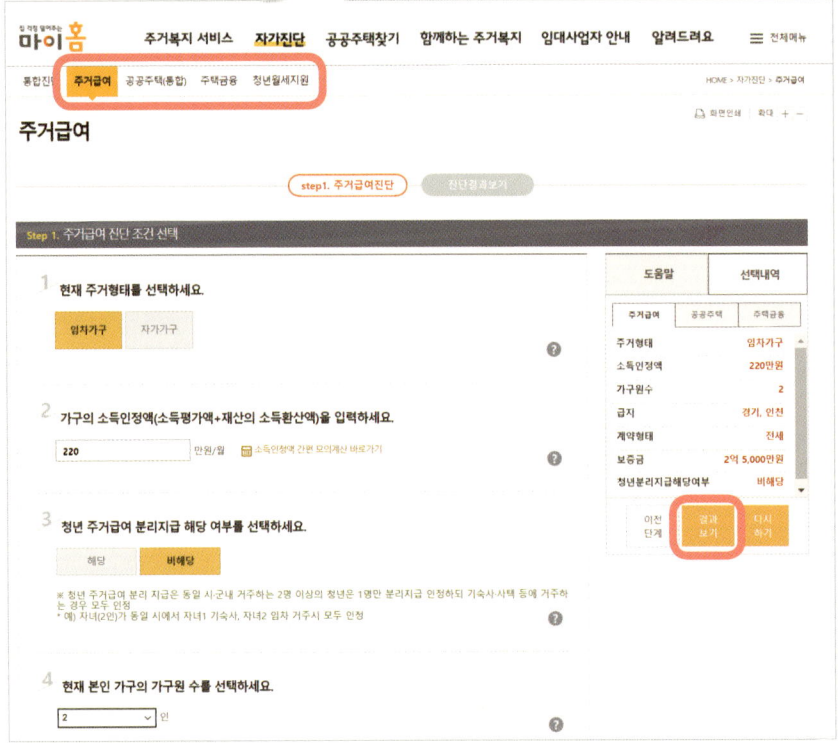

진단 결과를 확인합니다.

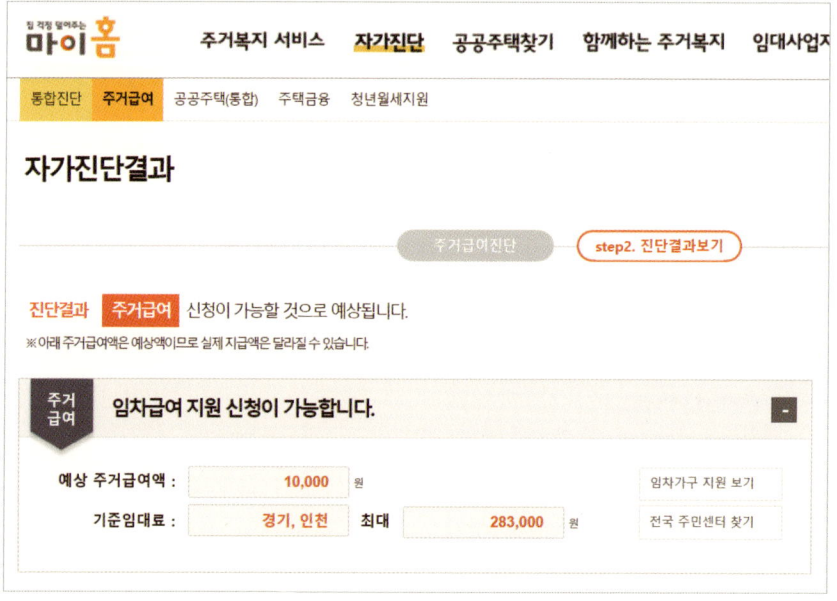

(2) 통합 진단하기

마이홈 사이트에 접속한 후, 상단에 있는 자가 진단 탭을 클릭합니다.

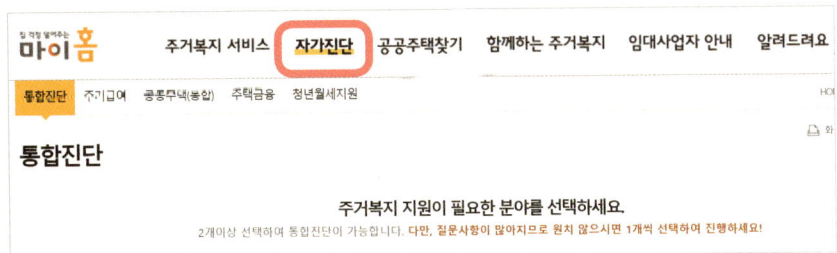

상단에 통합진단을 선택한 후, 가운데 모두 선택 네모 박스를 체크하고 자가 진단 시작하기를 눌러주세요.

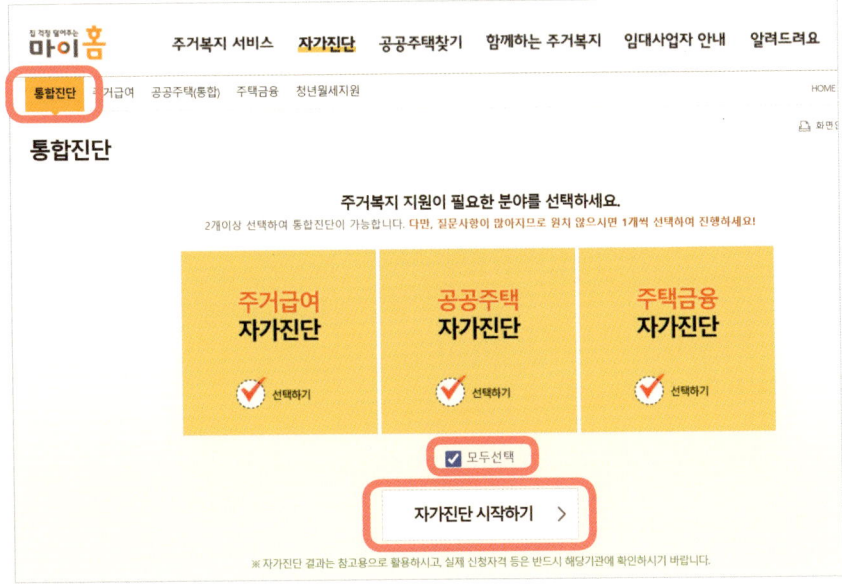

Step 1. 주거 급여 진단입니다. 질문에 성실히 답한 후, 오른쪽에 있는 다음 단계를 눌러주세요.

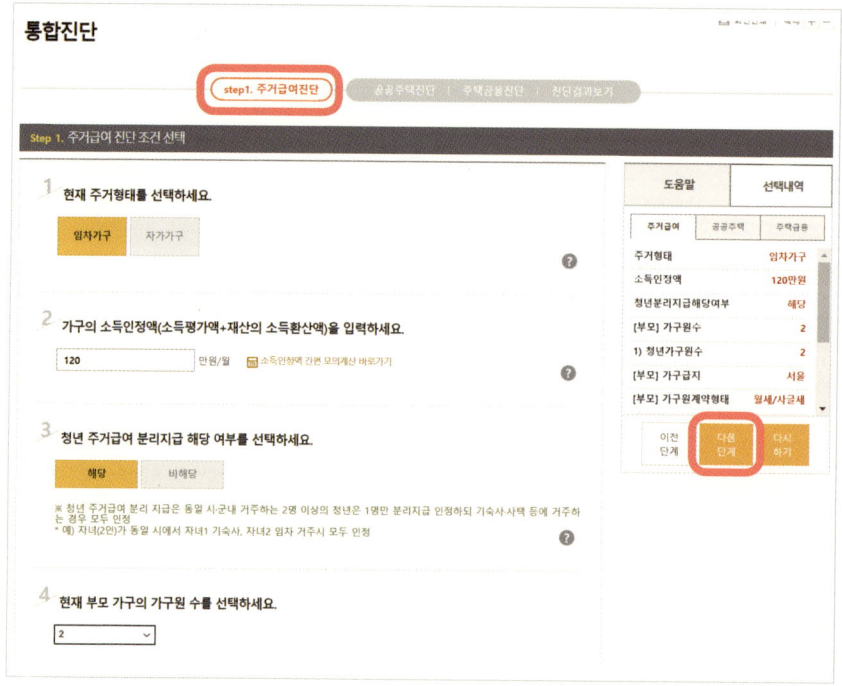

Step 2. 공공 주택 진단입니다. 질문에 성실히 답한 후, 오른쪽에 있는 다음 단계를 눌러주세요.

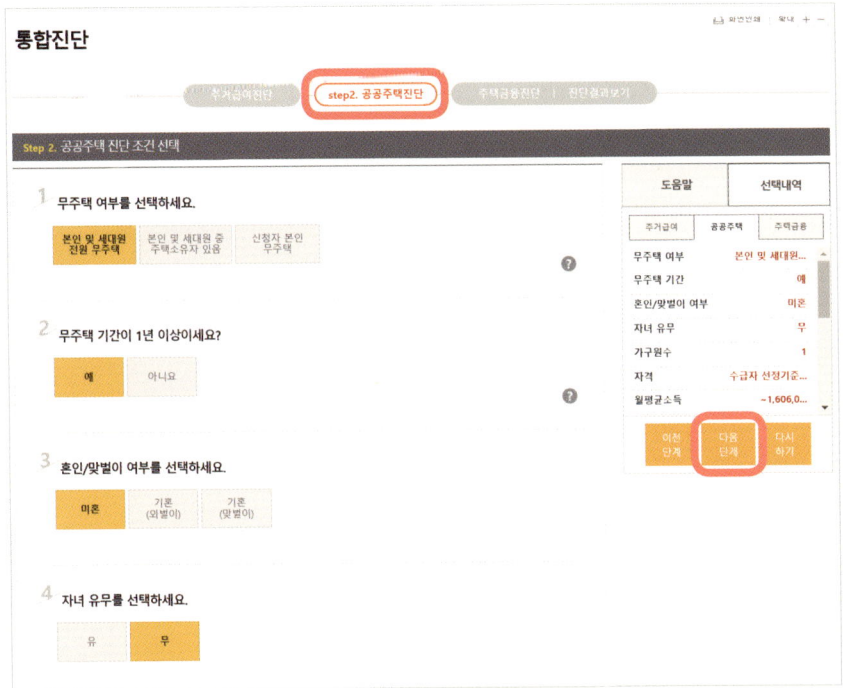

Step 3. 주택 금융 진단입니다. 질문에 성실히 답한 후, 오른쪽에 있는 결과보기를 눌러주세요.

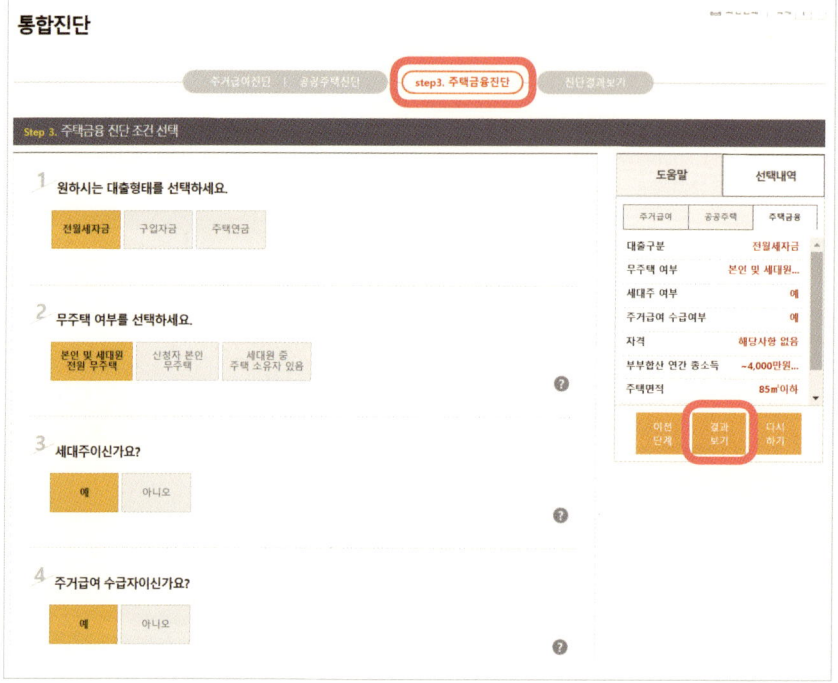

Step 4. 진단 결과를 확인합니다. 주거 급여와 공공 주택 신청이 가능할 것으로 예상됩니다.

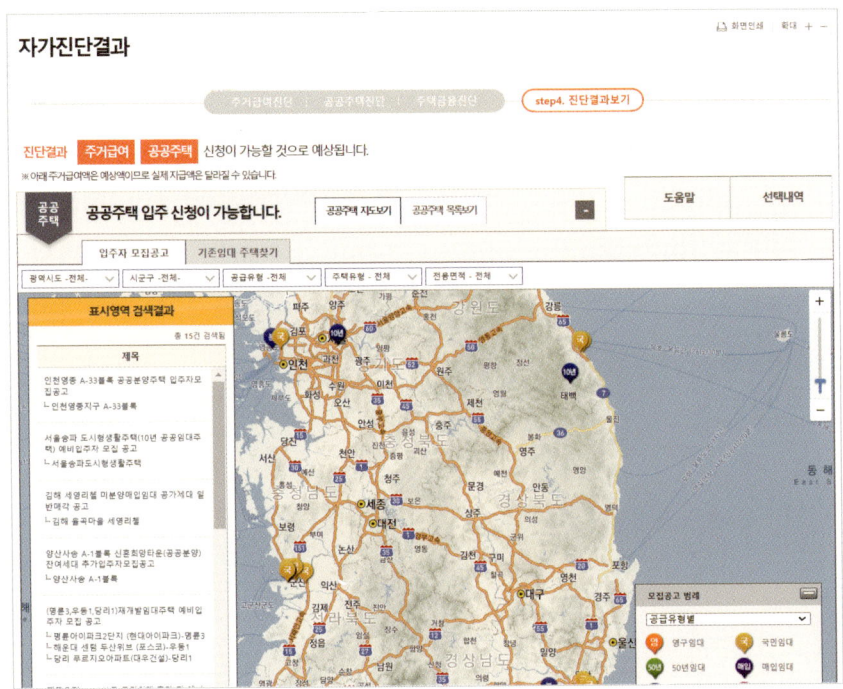

지금까지 마이홈 사이트에서 제공하는 주거복지제도 자가 진단 서비스를 알아봤습니다. 자신에게 맞는 주거복지제도를 찾았다면, 좀 더 자세히 알아보고 신청하면 되겠죠? 다양한 지원 정책이 있으니, '나는 안 될 거야'라고 지레짐작하지 말고 시간을 내서 한 번씩 해 보길 바랍니다.

잠깐 쉬어가기

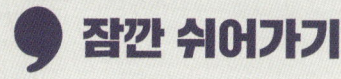
 # 서울 주거 포털

나에게 맞는 서울시의 주거복지 서비스를 찾을 수 있습니다. 온라인 상담을 지원하며, 공동체 주택 플랫폼, 노장청 쉐어하우스(한 지붕 세대공감) 등 마이홈에 없는 다양한 서울시만의 정책을 확인할 수 있습니다. 서울시 거주자라면 마이홈과 서울 주거 포털을 함께 활용해 보세요.

▶ 서울 주거 포털 바로 가기

나에게 꼭 맞는 전셋집
- 전세 편 -

01
전세로 살면 뭐가 좋을까?

결혼을 앞둔 철수는 예비 신부와 함께 살 신혼집을 구하려고 한다. 월세로 살지 전세로 살지 고민하던 찰나, 마침 민수에게 연락이 왔다.

"신혼집은 잘 구하고 있어?"
"형, 나 물어볼 게 있어. 보통 신혼집은 전세로 구하던데 전세는 보증금이 너무 비싸더라고. 전세로 살면 뭐가 좋아?"
"N년 차 직장인이나 결혼한 부부가 전세로 사는 데는 다 이유가 있지. 전세는 어떤 장점이 있냐 하면…."

01 전세의 세 가지 혜택

월세도 충분히 좋은 것 같은데, 왜 자꾸 전세를 추천하는 걸까요? 지금부터 전세의 장점을 자세히 알아보겠습니다.

(1) 월세를 안 낼 수 있다.

한 달 월세가 70만 원이라고 가정해 보겠습니다. 1년이면 840만 원. 2년이면 1,680만 원. 5년이면 3,500만 원, 10년이면 7,000만 원이 월세로 나갑니다. 누가 월세를 5년, 10년이나 살까 싶지만, N년 차 직장인이 되고 결혼을 하게 되면 생각보다 한 집에 오래 머물게 될 가능성이 높습니다. 처음부터 전세를 구하지 않고 월세로 들어가면 몇 년 사이에 수천만 원을 월세로 지출하게 됩니다. 하지만 전세로 들어가면 그 돈을 고스란히 다 모을 수 있죠.

	월세	전세
부동산 정보	안양시 동안구 비산동 아파트 12평 투룸	안양시 동안구 비산동 아파트 12평 투룸
보증금	월세 보증금 1,000만 원	전세 보증금 2억 원
월 지출	월세 65만 원	월 지출 0원
연 지출	연간 임대료 지출 780만 원	연간 임대료 지출 0원
결과	연간 임대료 지출 금액 차이 - **780만 원**	

물론, 전세 보증금이 묶여 있는 것에 대한 기회비용도 당연히 고려해야 합니다. 종잣돈을 전세 보증금으로 사용하게 되면, 일정 기간 그 돈은 다른 곳에 쓸

수 없게 됩니다. 주식이나 부동산 등에 투자해 수익을 올릴 기회를 잃는 것입니다. 그러나 재테크로 월세 금액 이상을 벌 자신이 없다면, 전세를 선택하는 것이 오히려 돈을 버는 길입니다. 그런데 이쯤에서 이런 생각이 들 수 있습니다.

'아니, 고작 원룸 하나에 살려고 1억 2천만 원이나 모아야 해요?'

'제가 그거 모으려면 10년은 넘게 걸리겠는데요?'

부모님 등 주변으로부터 금전적인 지원을 받지 않는 이상, 전세 보증금을 혼자서 모으는 것이 쉽지 않습니다. 하지만 전세 보증금은 은행의 전세 대출 상품을 활용하여 쉽게 해결이 가능합니다. 다만, 매달 이자가 나가기 때문에 이자 비용과 월세 비용을 잘 비교해 봐야 합니다.

(2) 월세를 덜 낼 수 있다.

일반적으로 월세보다 전세 대출 이자가 더 저렴합니다. 그래서 많은 분들이 전세 대출을 활용하고 있죠. 예시를 보겠습니다.

	월세	전세
부동산 정보	안양시 동안구 비산동 아파트 12평 투룸	안양시 동안구 비산동 아파트 12평 투룸
보증금	월세 보증금 1,000만 원	전세 보증금 2억 원 (전세 대출 1억 6천만 원) (종잣돈 4천만 원)
월 지출	월세 65만 원	매월 이자 40만 원 (*금리 3% 가정 시)
연 지출	연간 임대료 지출 780만 원	연간 임대료 지출 480만 원
결과	연간 임대료 지출 금액 차이 - **300만 원**	

대출 이자를 낸다고 해도 월세로 사는 것보다 비용이 덜 들어가는 것을 알 수 있습니다. 물론 이는 대출을 하는 시점의 금리에 따라 달라질 수 있으므로 대출 시 금리를 꼭 확인해야 합니다.

(3) 훨씬 좋은 집에서 살 수 있다.

비슷한 주거 금액으로 월세 세입자보다 좀 더 넓고 좋은 집에 살 수 있는 기회가 생깁니다. 예시를 보겠습니다.

	월세	전세
부동산 정보	안양시 동안구 비산동 아파트 12평 투룸	파주 운정 신도시 아파트 24평 쓰리룸
보증금	월세 보증금 1,000만 원	전세 보증금 3억 2천만 원 (전세 대출 2억 4천만 원) (종자돈 8천만 원)
월 지출	월세 65만 원	매월 이자 60만 원 (*금리 3% 가정 시)
연 지출	연간 임대료 지출 780만 원	연간 임대료 지출 720만 원
결과	비슷한 주거 비용으로 **2배 더 넓은 평수 거주 가능**	

비슷한 주거비를 내는데 누구는 12평 투룸에 살고, 누구는 24평 쓰리룸에 사는 일이 발생했습니다. 이처럼 전세 대출을 잘 활용하면 주거의 질을 높일 수도 있습니다.

02 월세 VS 전세 계산기로 득실 따져 보기

저축으로 모은 돈이 있거나, 부모님 등 주변으로부터 금전적인 지원을 받을 수 있거나, 은행에서 대출을 받을 수 있다면 전세로 사는 것이 더 좋습니다. 다만, 전세 대출의 경우 은행 금리에 따라 상황이 달라질 수 있습니다. 월세로 사는 게 유리한지 전세로 사는 게 유리한지 궁금한 분들은 아래 '월세 VS 전세 계산기'를 활용해 계산해 보세요.

(1) 계산하는 방법

포털 사이트에 '월세 vs 전세 계산기'를 검색합니다.

월세 임대료와 전세 대출액을 기입하고 계산하기를 누릅니다.

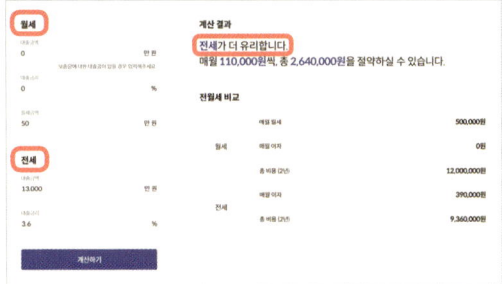

02
꼭 서울에 살아야 할까?
(서울 VS 근교)

전세의 이점을 알게 된 철수는 신혼집을 전셋집으로 구하기로 마음먹었다. 그런데 서울 전셋값이 생각보다 너무 비쌌다. 서울에 살아야 할지 아니면 조금 떨어진 근교에 집을 구해야 할지 머리가 복잡했다.

"형, 서울은 전셋값이 너무 비싸서 근교로 나갈 생각인데, 나랑 여자 친구랑 둘 다 직장이 서울에 있어서 고민이야. 조금 무리해서라도 서울 쪽에 집을 구하는 게 좋을까? 형 생각은 어때?"
"아마 대부분 비슷한 고민을 할 거야. 일단 서울 사는 것과 근교에 사는 것의 장단점부터 말해줄게. 잘 듣고 판단해 봐."

01. 서울에 살 것인가? 근교로 나갈 것인가?

(1) 지역 선택

보통은 N년 차 직장인이나 신혼부부가 되었을 때 처음으로 전셋집을 구합니다. 이때부터는 방 구하기의 개념이 자취방에서 가정집으로 넘어갑니다. 원룸보다는 방과 화장실이 더 많은 집을 찾게 되는 것이죠.

문제는 지역입니다. 원룸의 경우 서울에 살아도 월세가 몇십만 원 수준이라 큰 부담이 안 되지만, 전세는 얘기가 다릅니다. 방이 2개 혹은 3개인 20평대 아파트의 전셋값은 5억 원에서 10억 원을 호가합니다. 모아둔 돈이 아주 많거나 소득 수준이 매우 높지 않은 이상 입주하기가 쉽지 않습니다. 그래서 많은 사람이 서울 근교, 예를 들면, 일산, 파주, 김포, 용인, 남양주, 광주(경기)를 차선책으로 고민합니다.

서울과 근교 지역은 각각 장단점이 있습니다. 무조건 서울이 좋고 그 외에 지역이 안 좋은 것은 아닙니다. 그럼, 지금부터 서울과 근교 지역의 장단점을 자세히 알아보겠습니다.

02. 서울의 장단점

(1) 서울의 장점

① 출퇴근 시간 단축

서울에 전셋집을 얻는 것의 가장 큰 장점은 출퇴근 시간 단축입니다. 대부분의 직장은 서울에 위치해 있습니다. 즉, 서울에 살면 출퇴근 시간을 아낄 수 있습니다. 지하철로 15분 거리에 직장이 있는 사람과 1시간 15분 거리에 직장이 있는 사람의 아침 모습은 너무나도 다릅니다. 아침의 1시간은 삶의 질을 좌우할 만큼 중요합니다. 이 시간에 자기 계발을 할 수도 있고, 잠을 더 잘 수도 있습니다. 시간뿐 아닙니다. 지하철과 버스에서 1시간 이상을 사람들에게 치이고 나면 회사에 도착하기도 전에 진이 빠집니다. 퇴근 후는 어떤가요? 퇴근 시간 1시간 때문에 저녁 있는 삶이 저녁 없는 삶으로 바뀔 수도 있습니다.

이처럼 서울, 특히 직장과 가까운 곳에 전셋집을 구하면 하루 1시간에서 많게는 3시간까지 시간을 절약할 수 있습니다.

② 여러 인프라 활용 가능

서울은 교통, 의료, 문화, 쇼핑, 교육의 중심이라 해도 과언이 아닙니다. 지하철, 버스 등 대중교통이 잘 연결되어 있고 운영 시간도 길어 서울 내에서는 어느 곳이든 빠르고 편하게 이동할 수 있습니다. 그리고 삼성 서울 병원, 서울대학교 병원, 서울 아산 병원, 신촌 세브란스 병원, 고려대학교 안암 병원 등 대형 종합 병원들이 밀집해 있어 의료 시설에 대한 접근성이 좋습니다. 미술관, 박물관, 연극 극장, 도서관 등 다양한 문화 시설과 대형 쇼핑센터, 백화점 역시 서울에 집중되어 있죠. 인기 학군과 유명 학원가 등 아이들을 위한 교육 인프라도 잘 갖춰져 있습니다.

(2) 서울의 단점

① 비싼 집값

서울의 집값은 이미 월급을 평생 모아도 살 수 없는 수준으로 높습니다. 전셋값 역시 마찬가지죠. 서울에 전세를 살기 위해서는 억 단위의 전세 보증금이 필요하며, 지역에 따라서는 그 금액이 천정부지로 올라갑니다. 평범한 직장인에게는 큰 부담이 될 수밖에 없습니다.

② 오래된 건물
서울에는 오래된 아파트와 주택이 많습니다. 30년 이상 되는 것들도 꽤 많죠. 서울에 있다는 이유만으로 낡은 집에 비싼 전세금을 내며 사는 셈입니다. 요즘 젊은 세대는 신축을 선호하기 때문에 오래된 집들은 실내 리모델링을 한 후 세입자를 구하고 있습니다.

③ 인구 밀집, 교통 체증 그리고 근린공원 부재
서울은 인구 밀집도가 높습니다. 어디를 가나 사람이 많습니다. 또, 교통체증이 심각합니다. 자동차는 말할 것도 없고 대중교통인 버스도 항상 막힙니다. 지하철은 막히지 않는 대신 이용자가 엄청 많죠. 심지어 주말에도 똑같습니다. 그리고 산책할 공원이 적습니다. 서울 전체를 기준으로 한강 공원, 올림픽 공원 등 소수의 공원이 있을 뿐입니다. 집 앞에 잠깐 나가서 산책을 한다는 건 상상하기 어려운 일이죠. 이런 것들은 삶의 질을 낮추는 요소입니다.

03 근교 지역의 장단점

(1) 근교 지역의 장점
① 깨끗한 새집
파주 운정 신도시, 수원 광교 신도시, 김포 한강 신도시, 남양주 다산 신도시

등 근교 지역에는 신도시가 많습니다. 신도시의 집은 대부분 신축으로 깨끗하고 번화가의 건물도 새것이라 주변 경관이 굉장히 깔끔합니다. 근교 신도시에 살다가 한 번씩 오래된 서울 구도심에 가면 낙후된 느낌을 받는 것도 이 때문입니다.

그리고 요즘 지어진 신축 아파트는 단지 내에 커뮤니티 센터가 있습니다. 커뮤니티 센터 내에는 헬스장, 골프장, 사우나 등이 갖춰져 있어 입주민이 무료 혹은 매우 저렴한 가격으로 이용할 수 있습니다. 때에 따라서는 문화센터를 운영하고, 아침밥을 제공해 주는 곳도 있죠. 주차장도 다릅니다. 신축 아파트는 모든 주차장이 지하에 있습니다. 배달하는 차량도 단지 내로 들어오지 못하고 지하로 가야 합니다. 즉, 단지 내에 이동하는 차량이 없습니다. 덕분에 아이들이 안전하게 마음껏 뛰어놀 수 있습니다.

② 서울보다 싼 집값

서울에 있는 20평 구축 아파트의 전셋값이 5~7억 원 정도라면, 근교 지역은 2~3억 원으로 절반 수준입니다. 심지어 신축인데도 말이죠. 서울에서 주택이나 빌라에 전세 살 금액이면 근교에서 작은 평수의 아파트 전세를 살 수 있고, 서울에서 작은 평수의 구축 아파트 전세를 살 금액이면, 근교에서 더 큰 평수의 신축 아파트 전세를 살 수 있습니다.

③ 집 근처의 근린공원

과거에는 집을 구할 때 역이 얼마나 가까이 있는지를 따지는 역세권이 중요한 요소였습니다. 하지만 요즘은 숲세권이 더 인기입니다. 숲세권이란 숲이나 산이 가까이 있어 쾌적하고 자연 친화적인 생활이 가능한 곳을 의미합니다. 대부분의 숲세권에는 산책하기 좋은 공원이 있어 삶의 질을 높일 수 있습니다.

신도시에는 공원이 많습니다. 과거 신도시였던 일산의 호수 공원과 분당의 중앙 공원, 율동 공원처럼 말이죠. 요즘 지어지는 신도시에는 공원이 더 많습니다. 파주 운정 호수 공원, 광교 호수 공원처럼 도시를 대표하는 공원뿐 아니라 단지마다 크고 작은 공원들이 있습니다. 말 그대로 집 앞만 나가면 바로 산책이 가능한 것입니다.

(2) 근교 지역의 단점

① 긴 출퇴근 시간과 부족한 교통 인프라

근교 지역에 사는 직장인들은 대부분 지하철이나 좌석 버스를 타고 서울로 출근합니다. 그런데 서울처럼 지하철역이 많지 않고, 좌석 버스 역시 1시간에 2~3대만 지정된 위치에서 정차하기 때문에 시간을 잘 맞춰 나가야 합니다. 버스나 지하철 하나를 놓치면, 출근이 20~30분 늦어지는 일이 발생할 수 있습니다. 또, 서울까지 빠르면 1시간 내외, 때에 따라서는 그 이상의 시간이 소요되는데 왕복으로 치면 하루에 2시간에서 3시간 정도를 출퇴근에 허비하는 셈입니다. 출퇴근하는 동안 사람에 치이는 스트레스 역시 이만저만이 아닙니다.

서울은 서울 내에서 이동하는 데 불편함이 전혀 없지만, 근교 지역은 지역 내를 이동하는 대중교통이 부족합니다. 운전면허가 없거나, 면허가 있어도 차가 없는 사람들은 생활이 불편할 수 있습니다.

② 부족한 인프라

신도시 역시 영화관, 백화점, 대형 마트 등의 인프라가 잘 구축되어 있습니다. 심지어 건물도 다 새것으로 내부 시설 역시 깔끔합니다. 그러나 서울에 비하면 인프라가 부족한 것이 현실입니다. 특히 대형 병원이 그렇습니다. 인구가 굉장히 많음에도 대형 병원이 없는 곳들이 꽤 있습니다. 있어도 1개 정도로 서울과 비교하면 아주 적죠. 물론 시간이 지나면 신도시에도 대형 병원이 들어오겠지만, 그전까지는 다소 불편할 수 있습니다.

서울과 근교 지역의 장단점 비교		
지역	장점	단점
서울	출퇴근 시간 단축 여러 인프라 활용 가능	비싼 집값 오래된 건물 인구 밀집, 교통 체증 근린공원 부재
근교 지역	깨끗한 새집 서울보다 싼 집값 집 근처의 근린공원	긴 출퇴근 시간 부족한 교통 시설과 인프라

03
은행 대출 상담 전 체크 포인트

고민 끝에 서울 근교로 집을 구하기로 한 철수. 매물을 알아보기 전에 전세 대출이 얼마나 나올지 알고 싶어졌다. 대출 상품과 한도를 알아보기 위해 은행에 가려는 찰나, 민수에게 전화가 왔다.

"어, 형 나 지금 전세 대출 상담받으러 은행에 가려고!"
"그래? 급여 명세서는 챙겼어?"
"급여 명세서? 그게 뭐야?"
"은행에 가기 전에 준비하고 확인해야 할 것들이 있어. 먼저…."

01 은행 가기 전 어떤 것을 준비하면 좋을까?

(1) 온라인 손품으로 대략적인 전셋값 알아보기

지역을 정했다면, 이제 자금 계획을 세워야 합니다. 온라인 손품으로 원하는 지역의 집들을 훑어보고 대략적인 시세(전세 금액 = 전세 보증금 = 전셋값)를 확인합니다.

(2) 나의 종잣돈 확인

보증금으로 사용할 수 있는 종잣돈이 정확히 얼마인지 파악합니다. 전세 금액에서 종잣돈을 뺀 금액만큼 은행 대출을 받아야 합니다. 물론 이사비와 중개보수 등 소소하게 여러 비용이 발생하므로 약간 여유 있게 빌리는 게 좋습니다.

(3) 급여 명세표(1년 치) 챙기기

은행원이 여러분에 대한 아무 정보 없이 대출 상담을 해줄 수는 없습니다. 따라서 은행에 가기 전에 여러분의 경제적 능력을 객관적으로 보여줄 수 있는 1년 치 급여 명세표를 준비해야 합니다.

(4) 내 신용등급 확인해 보기

예전에는 신용등급을 확인하면 신용점수가 낮아졌지만, 요즘은 그렇지 않습니다. 금융기관에 대출 상담을 받으러 가면 신용점수를 물어보는 경우가 종종 있기 때문에 본인의 신용점수를 알고 있으면 좋습니다. 물론 전세자금 대출의 경우 집을 담보로 잡고 빌려주는 것이므로 일반적인 신용대출보다 신용점수가 크게 중요하진 않습니다. 내 신용점수를 확인하는 방법은 우측 QR 코드로 확인해 주세요.

(5) 온라인으로 대출 가능 여부 확인해 보기

온라인으로 대출 상품과 대출 가능 여부를 미리 조회해 볼 수 있습니다. 물론 이는 AI가 판단하는 것이므로 실제 대출과는 차이가 있을 수 있습니다. 따라서 참고용으로만 활용하는 것이 좋습니다. 온라인으로 대출 가능 여부를 확인하는 방법은 우측 QR 코드로 확인해 주세요.

02 정부에서 지원하는 대출 상품 알아보기

(1) 정부 지원 주택 전세자금 대출

국민들의 주거 안정을 위해 국가에서 전세자금 대출 상품을 지원하고 있습니다. 은행에 가기 전에 어떤 상품이 있는지 확인해 보세요. 시중 은행에서 판매하는 대출 상품보다 금리가 저렴하므로 조건이 맞는다면 무조건 활용하는 것이 좋습니다. 주택도시기금 사이트에 접속해 상단의 개인상품 ➡ 주택 전세자금 대출을 클릭하면 다양한 상품 정보를 확인할 수 있습니다.

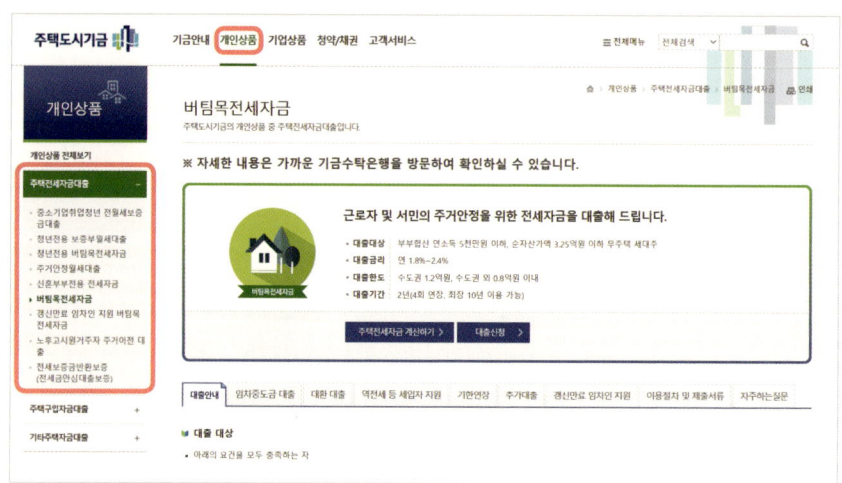

▲ 주택도시기금 사이트의 주택 전세자금 대출 화면. 왼쪽에 다양한 상품들의 목록이 나와 있다

대표적인 상품 몇 가지만 살펴보겠습니다.

① 중소기업 취업 청년 전월세 보증금 대출

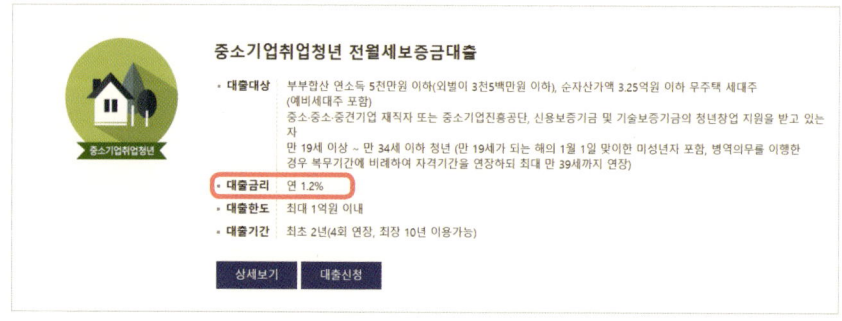

 중소기업에 취업한 청년들을 대상으로 전월세 보증금을 대출해 주는 제도입니다. 대출 금리가 연 1.2%로 상당히 낮은 수준입니다. 1억 원을 빌려도 한 달에

대출이자가 10만 원 남짓이므로 조건에 부합하는 중소기업 재직 청년이라면 관심을 가질 필요가 있습니다. 그 어떤 월세보다 저렴한 비용으로 전셋집에서 살 수 있습니다.

② 청년 전용 버팀목 전세자금

청년들을 위해 전세 보증금을 대출해 주는 제도입니다. 연 1.5%~2.1%의 낮은 금리로 전세자금을 대출을 받을 수 있습니다.

청년전용 버팀목전세자금
- 대출대상   부부합산 연소득 5천만원 이하, 순자산가액 3.25억원 이하 무주택 세대주(예비세대주 포함)
              만 19세 이상 ~ 만 34세 이하의 세대주(예비 세대주 포함)
- 대출금리   연 1.5%~2.1%
- 대출한도   최대 7천만원 이내(임차보증금의 80% 이내)
- 대출기간   최초 2년(4회연장, 최장 10년 이용가능)

상세보기   대출신청

③ 신혼부부 전용 전세자금

신혼부부를 대상으로 전세 보증금을 대출해 주는 제도입니다. 연 1.2%~2.1%의 낮은 금리로 대출을 받을 수 있습니다.

신혼부부전용 전세자금
- 대출대상   부부합산 연소득 6천만원 이하, 순자산가액 3.25억원 이하 무주택 세대주
              신혼부부(혼인기간 7년 이내 또는 3개월 이내 결혼예정자)
- 대출금리   연 1.2% ~ 연 2.1%
- 대출한도   수도권 2억원, 수도권 외 1.6억원 이내(임차보증금의 80% 이내)
- 대출기간   2년(4회 연장, 최장 10년 이용 가능)

상세보기   대출신청

④ 버팀목 전세자금

무주택 세대주를 대상으로 하는 전세 대출 제도로 연 1.8%~2.4%의 낮은 금리로 대출을 받을 수 있습니다. 특정 계층을 대상으로 하는 상품에 비해서는 금리가 상대적으로 높지만, 그래도 시중 은행 대출 상품보다는 저렴한 편입니다. 무주택 세대주라면 신청해 보세요.

(2) 신청 방법

국가에서 지원하는 대출 상품이지만 판매는 시중 은행에서 합니다. 취급 은행은 아래와 같으며 전화 혹은 지점 내방을 통해 자세한 상담이 가능합니다.

04
은행에 대출 상담 받으러 가기

만반의 준비를 끝낸 철수는 이제 은행에 방문하려고 한다. 그런데 막상 은행에 방문하려니 한 가지 궁금증이 생겼다. 어떤 은행에 가는 것이 가장 좋을까?

"민수형, 나 이제 상담받으러 은행 가려고 하는데, 어떤 은행에 가는 게 제일 좋아? 역시 주거래 은행이 낫겠지? 아니면 부동산 발품을 파는 것처럼 최대한 많은 곳을 가보는 게 좋을까?"

"굳이 주거래 은행에 갈 필요는 없어. 왜냐하면…."

01 어떤 은행을 가야 할까?

국민은행, 하나은행, 신한은행, 우리은행 등 여러 은행이 있습니다. 이 중에 어떤 은행에 가야 할까요? 일반 신용대출의 경우 주거래 은행이 좀 더 유리할 수 있지만 전세자금 대출은 꼭 그렇지 않습니다. 은행마다 그 시기에 판매하는 대출 상품이 다릅니다. 주거래 은행이 아닌 곳이 더 저렴한 금리의 대출 상품을 취급할 수도 있다는 것이죠. 따라서 여러 은행을 방문해 보고 가장 조건이 유리한 곳과 거래를 하는 게 좋습니다. 만약 직접 방문할 시간적 여유가 없다면, 인터넷을 통해서라도 대출 상품을 꼭 비교해 보세요. 시중 은행뿐 아니라 최근에 생긴 인터넷 전문 은행(카카오 뱅크, 토스 뱅크, 케이 뱅크)까지 살펴보면 더 좋습니다. 이건 은행에 방문하는 분들도 마찬가지입니다.

은행에 가면 직원이 여러분의 경제력과 신용도, 상황 등을 고려하여 필요한 대출 안내를 도와줍니다. 상담을 통해 전세 대출이 가능한지 여부와 대략적인 대출 가능 금액을 알아오면 됩니다. 여기서 한 가지 주의할 점은, 처음 받는 대출 상담은 말 그대로 대략적이라는 것입니다. 집값의 80%까지 대출이 가능할 것 같다는 말을 들었어도, 전셋집의 위치에 따라(ex. 투기과열지구 등), 집의 근저당 여부에 따라 대출이 되지 않을 수도 있습니다. 확실하고 구체적인 대출 상담은 전셋집을 가계약하거나 혹은 완전히 계약한 상태에서 진행할 수 있습니다. 지금 이 단계에서는 어느 정도 선까지 대출이 가능한지 큰 틀에서 확인한다고 생각해 주세요.

02 대출 진행 절차 파악하기

헛걸음을 방지하고, 원활한 대출을 받기 위해서 은행원에게 대출 절차가 어떻게 되는시 물어보세요. 전세 대출은 '세입자, 은행, 공인 중개사, 집주인' 이렇게 4명의 이해관계가 얽혀 있습니다. 상황에 따라 일이 진행되는 순서가 달라질 수 있습니다. 예를 들어, 은행에 가면 정확한 대출 상담을 위해 가계약서 혹은 계약서를 가지고 오라고 합니다. 그런데 세입자는 대출이 나올지 안 나올지 확실히 모르는 상태에서 덜컥 계약하기가 겁이 납니다. 공인 중개소에 가도 마찬가지입니다. 은행에 가서 대출이 얼마만큼 나오는지 먼저 확인해 보라고 합니다. 그래서 은행에 가면, 또 계약서를 가지고 와야 정확한 상담이 가능하다고 하죠.

상황에 따라 은행을 여러 번 방문해야 할 수 있으니 혼란을 막기 위해 사전에 대출 절차를 정확히 물어보고, 거기에 맞춰서 이후 과정을 진행하는 것이 좋습니다.

05
온라인 손품 팔기

은행 대출 상담을 마친 철수. 모아둔 종잣돈에 대출 예상 금액을 더해 대략적인 예산을 정했다. 이제 본격적으로 원하는 가격대의 매물을 구할 차례다. 손품과 발품을 팔아서 매물을 구하는 것은 월세방을 구할 때 이미 해봤던 것이기에 자신이 있었다.

"철수 너 월세 구할 때 한 번 해봐서 그런지 자신감 넘쳐 보인다?"
"당연하지! 이번에는 형 없이도 혼자 할 수 있다고."
"좋은 자세야. 그런데 전세 매물을 볼 때는 확인해야 할 것이 몇 가지 있어. 어떤 것들이 있냐 하면…."

01. 전세 매물의 조건

대출을 받아서 전셋집에 들어가려면 전세 대출이 가능한 집을 찾아야 합니다. 집주인이 집을 담보로 대출을 많이 받았거나 기타 사유로 전세 대출이 불가능한 집도 있기 때문입니다. 또, 입주까지 최소 한 달의 여유 기간이 있어야 합니다. 은행 대출을 신청해도 심사하고 승인이 나기까지 최소 2~3주가 걸립니다. 당연히 대출이 나올 것으로 생각하고 집을 계약했는데, 잔금을 치를 시점에 대출이 심사 중에 있다면 큰 낭패가 아닐 수 없습니다. 그리고 전세 보증 보험 가입이 가능해야 합니다. 그럼, 지금부터 하나씩 자세히 알아보겠습니다.

(1) 전세 대출이 가능한 집

전세 대출이 가능한 집은 집을 담보로 한 대출(근저당)이 없거나, 곧 없어질 예정이거나, 대출이 있어도 금액이 적어서 안전한 집을 말합니다.

① 집을 담보로 한 대출이 없는 집(= 근저당이 없는 집 = 융자가 없는 집)

집을 담보로 대출받은 기록이 없는 집을 말합니다. 근저당이 없으므로 보증금을 떼일 가능성이 매우 적습니다. 대출이 없는 집은 문제 될만한 가능성이 제일 적은 가장 안전한 집입니다.

② 대출이 곧 없어질 예정인 집(근저당 말소 예정)

집주인이 집을 담보로 대출을 받았지만, 대출을 갚는 조건(근저당을 말소하는 조건)으로 세입자와 임대차 계약을 하려는 집입니다. 보통 세입자에게 받는 보증금으로 은행의 대출금을 갚아 근저당을 말소합니다. 집주인의 말만 믿고 계약을 하기에는 리스크가 있으므로 근저당 말소의 조건으로 계약한다는 내용을 임대차 계약서 특약 사항에 기재합니다.

'내 돈으로 본인 은행 빚을 갚으면, 나중에 내 돈은 어떻게 돌려주려고?'

이런 생각이 들 수도 있습니다. 보통은 집주인이 다음 세입자의 보증금을 받아 이전 세입자의 보증금을 돌려줍니다. 세입자에게 보증금을 돌려주지 않으면 집주인에게 여러 가지 법적 손해가 발생하기 때문에 보증금을 미반환하는 경우는 매우 드뭅니다. 따라서 크게 걱정하지 않아도 됩니다.

③ 근저당이 적어서 안전한 집

집을 담보로 한 대출이 있지만, 그 금액이 크지 않은 경우입니다. 안전성을 판단하는 기준은 월세 편에서 설명드린 70%룰 입니다. 해당 건물의 근저당 채권최고액과 거주하고 있는 다른 세입자들의 선순위 보증금.(다가구일 경우) 그리고 내 보증금을 더한 가격이 집값의 70%보다 적어야 합니다. 그래야 집이 경매로 넘어가더라도 보증금을 전부 돌려받을 수 있습니다. 워낙 중요한 내용이니, 예시를 통해 다시 한번 복습해 보겠습니다.

집을 담보로 대출받아서 생긴 근저당 채권최고액은 30,000만 원(3억 원)입니다. 아파트이기 때문에 선순위 보증금은 신경 쓸 필요가 없습니다. 내 보증금은 30,000만 원(3억 원)입니다. 집값은 100,000만 원(10억 원)입니다. 집값의 70%는 70,000만 원(7억 원)이죠. 채권최고액과 보증금을 더한 금액이 집값의 70%보다 적습니다. 따라서 이 집은 안전한 집이라 할 수 있습니다.

채권최고액 = 30,000만 원
선순위 보증금 = 0만 원
내 보증금 = 30,000만 원
합계 = 60,000만 원

집값 = 100,000만 원
집값의 70% = 70,000만 원

안전한 집

이처럼 집을 담보로 한 대출이 없거나, 곧 없어질 예정이거나, 있어도 금액이 적어서 안전한 집만 전세 대출이 가능합니다. 공인 중개사는 이런 조건을 미리 파악하여 매물을 추천합니다. 따라서 크게 신경 쓸 필요 없이 공인 중개사에게 이렇게 말하면 됩니다.

 "전세 대출 가능한 집을 찾고 있습니다!"

(2) 입주까지 최소 한 달의 여유 기간이 있는 집

일정에 대해서도 중개사와 상의해야 합니다. 보통 중개사는 "언제 입주하실 예정이세요?"라고 먼저 물어봅니다. 그러면 여러분은 "한 달 정도 후에 입주할 것 같아요."라고 대답하면 됩니다.

왜 한 달일까요? 대출에 필요한 서류를 모으고, 대출 신청서를 작성하고, 대출 신청 후 승인이 나기까지 보수적으로 2~3주가 걸립니다. 시간을 넉넉하게 잡아 두어야 계획에 차질이 생기지 않습니다. 그래서 잔금을 치르는 날까지 최소 한 달의 여유 기간을 갖는 것이 좋습니다. .

(3) 전세 보증 보험이 가능한 집

보험은 미래의 큰 손실을 방지하기 위한 안전장치입니다. 이런 이유로 우리는 건강 보험, 자동차 보험 등 여러 보험에 가입합니다. 전세 보증금 역시 보험이 가능합니다. 이를 전세 보증 보험이라고 합니다.

보증 보험에 들면 보증금을 못 돌려받는 상황이 왔을 때, 보증 기관에서 내 보증금을 먼저 돌려줍니다. 그리고 이후 집주인을 상대로 보증금을 받아내죠. 보증 보험을 든 순간부터는 나와 집주인의 싸움이 아니라 보증 기관과 집주인의 싸움이 되는 것입니다.

약간의 보험료가 들긴 하지만 보증 보험이야말로 전세 보증금을 지키는 최고의 안전장치라 할 수 있습니다. 가능하다면 전세 보증 보험은 무조건 드는 것이 좋습니다. 그런데 보증 보험이 불가능한 집들이 있습니다. 따라서 공인 중개사에게 전세 보증 보험이 가능한 집만 보여달라고 요청하세요. 전세 보증 보험 가입은 전세 대출 계약 후에 진행하는데, 자세한 방법은 뒤에서 설명하겠습니다.

02 플랫폼을 이용해 손품 팔기

직방, 다방, 피터팬의 좋은 방 구하기, 네이버 부동산 등을 이용해 위에서 설명한 조건들에 부합하는 집을 찾습니다. 구체적인 방법은 월세 편에서 알려드린 원룸 구하는 것과 동일합니다.

전세 매물의 조건	
☑ 전세 대출이 가능한 집	• 집을 담보로 한 대출이 없는 집
	• 집을 담보로 한 대출이 곧 없어질 집
	• 집을 담보로 한 대출이 적어서 안전한 집
☑ 입주까지 최소 한 달의 여유 기간이 있는 집	
☑ 전세 보증 보험이 가능한 집	

06
오프라인 발품 팔기

온라인 플랫폼으로 손품을 팔고 난 후 본격적으로 발품 팔기에 돌입한 철수, 공인 중개사와 함께 세 번째 매물을 보고 나오는데, 집에 관심을 보이자 공인 중개사가 가계약을 재촉한다.
철수 역시 매물이 마음에 들었지만, 가계약금 액수가 크다 보니 망설여졌다. 이에 철수는 민수에게 도움을 요청한다.

"형, 월세나 전세나 가계약할 때 큰 차이가 없지?"
"큰 차이는 없는데 그렇다고 완전히 똑같지도 않아. 어떤 점이 다르냐면…."

01 공인 중개사와 약속 잡기

공인 중개사에게 연락해 약속을 잡고 방을 구경하는 과정은 월세 편에서 배운 원룸 구하는 법과 동일합니다. 다만, 한 가지 알아야 할 것은 전세 매물의 경우 중개사끼리 정보를 공유하는 경우가 많다는 것입니다. 예를 들어, 운정 롯데 캐슬 아파트 공인 중개소에 전화해서 전세 대출 가능한 집을 보고 싶다고 하면, 공인 중개사가 롯데 캐슬 단지 내 아파트뿐 아니라 더 멀리 있는 두산 위브, 현대 힐스테이트 아파트 단지의 공인 중개사와 연합해 해당 단지까지 보여줍니다. 즉, 롯데 캐슬 아파트 공인 중개소에만 연락해도 여러 단지를 볼 수 있는 것입니다. 만약 롯데 캐슬 공인 중개소와 두산 위브 공인 중개소에 각각 연락해 따로 약속을 잡으면 어떻게 될까요? 동일한 매물을 두 번 보는 비효율이 발생할 수 있습니다. 또, 롯데 캐슬 공인 중개소에서 같이 만난 두산 위브 공인 중개사를 두산 위브 공인 중개소에 갔을 때 다시 만나는 민망한 상황이 연출될 수 있죠. 따라서 한 번에 너무 많은 공인 중개소에 연락하지 말고, 구역을 나눠 한 곳씩 진행하는 것이 좋습니다.

한 가지 더 팁을 드리면, 아파트 단지마다 여러 공인 중개소가 있고, 중개소마다 가지고 있는 매물이 다릅니다. 롯데 캐슬 공인 중개소와 두산 위브의 매물을 함께 봤다고 해서 두산 위브의 모든 매물을 본 것이 아니란 얘기죠. 따라서 두산 위브를 갈 때는 롯데 캐슬에서 만난 공인 중개소가 아닌 다른 공인 중개소를 가야 더 많은 매물을 볼 수 있습니다. 민망한 상황도 피할 수 있고요.

02 공인 중개사와 집 보러 다니기

중개사와 약속을 하고 만난 뒤, 함께 집을 보러 다닙니다. 이에 대한 내용은 월세 편 원룸 구하기와 동일합니다.

03 원하는 집 선택하기

원하는 집을 발견하면, 체크리스트를 활용해 집 내부를 점검하고, 필요한 정보를 메모합니다. 이에 대한 내용 역시 월세 편 원룸 구하기와 동일합니다.

04 가계약 진행하기

마음에 드는 집을 발견하면, 가계약을 할 것인지 결정해야 합니다. 월세는 매물이 많기 때문에 가계약을 서두르지 않아도 됩니다. 또, 가계약금의 액수가 적어 가계약금을 걸었다가 취소해도 큰 부담이 없습니다. 그런데 전세는 이야기가 다릅니다. 전세는 월세처럼 매물이 많지 않습니다. 귀한 전세 매물을 하나 놓치면, 언제 비슷한 매물이 다시 나올지 알 수가 없습니다. 그렇다고 섣불리 가계약금을 걸 수도 없습니다. 이 집이 전세 대출이 나오는지 확실하게 모를뿐더러 가계약금 액수가 커 계약을 취소하는 것이 어렵기 때문입니다.

그럼 어떻게 해야 할까요? 결국 발품을 많이 파는 수밖에 없습니다. 집에 대한 데이터가 쌓일수록 마음에 드는 집을 발견했을 때 이 집이 다른 집과 비교해서 얼마나 좋은지를 즉각적으로 판단할 수 있습니다. 가계약을 걸어야 할 집인지, 아닌 집인지가 한눈에 보이는 것이죠. 그래서 사회 초년생일수록 발품을 많이 팔아야 합니다.

07
이 집이면 대출이 나올까요?

드디어 마음에 쏙 드는 전세 매물을 찾은 철수. 안전하게 가계약까지 마쳤다. 이제 남은 건 전세 대출인데 공인 중개사가 좋은 대출 상담사가 있다며 소개해 주겠다고 한다. 대출 상담사가 있다는 것을 처음 알게 된 철수는 민수에게 전화를 한다.

"형, 나 가계약까지 마쳐서 이제 전세 대출을 받아야 하는데 대출 상담사가 뭐 하는 사람이야? 상담사를 통해 대출받아도 될까?"
"은행에 방문해서 직접 대출을 받는 것과 대출 상담사를 통해 대출받는 것은 각각 장단점이 있어. 하나씩 설명해줄게."

01 은행에서 대출 상담하기

마음에 드는 집을 골랐다면 이제 은행에 가서 대출이 나올 만한 집인지를 상담해봐야 합니다. 이때 전세 보증 보험 가입 의사를 밝히고 함께 상담하면 더 좋습니다.

(1) 필요 서류

대출 상담을 받기 위해서는 급여 명세표와 등기사항전부증명서 즉, 등기부등본이 필요합니다.

① 급여 명세표(1년 치)
나의 경제적 능력을 은행에 입증하기 위한 자료입니다.

② 해당 부동산의 등기사항 전부 증명서(등기부등본)
은행이 집의 가치를 평가하는데 필요한 자료입니다. 등기부등본을 은행에 가져가면, 은행원은 해당 부동산의 주소를 검색해서 이 부동산이 얼마만큼의 가치가 있는지를 파악합니다. 그리고 근저당과 같은 권리관계를 확인해 전세 대출을 해도 문제가 없는지를 평가합니다.

(2) 대출 상품 추천받기

전세 대출이 가능하다고 판단되면 은행원은 대출 상품에 대한 안내를 진행합니다. 최종 대출 금액과 금리, 상환 방식, 중도 상환수수료 등에 대한 설명을 충분히 듣고 상담을 마치면 됩니다.

02 상담사를 통해 전세자금 대출받기

전셋집을 구할 때 간혹 공인 중개소에서 대출 상담사를 소개해 주는 경우가 있습니다. 대출 상담사는 누구이고, 어떤 역할을 하는 걸까요?

대출 상담사는 여러 은행과 계약을 맺고, 대출이 필요한 고객에게 가장 적합한 은행 대출 상품을 추천해 주는 사람입니다. 추천뿐 아니라 대출받는 과정도 도와줍니다. 대출 상담사를 통한 대출은 장단점이 명확합니다.

(1) 장점

① 시간 절약

대출 상담사는 여러 은행이나 금융기관에서 판매하는 상품 중 고객에게 가장 적합한 상품, 보통은 금리가 제일 낮은 상품을 찾아줍니다. 상품을 하나하나 직접 알아봐야 하는 수고를 덜 수 있죠. 또한, 대출 상담사는 은행에서 돈을 받기 때문에 딱히 비용도 들어가지 않습니다.

② 대출 과정의 편리함

은행을 통해 대출받으려면 여러 차례 은행을 방문해야 하고, 내야 할 서류도 많습니다. 바쁜 직장인에게 쉽지 않은 일입니다. 반면 대출 상담사를 통하면 은행을 한 번도 가지 않고 대출받는 것이 가능합니다. 상담사가 회사로 찾아와 필요 서류에 대한 안내부터 서명까지 일괄로 다 진행해 주기 때문입니다. 즉, 상담사를 통하면 해야 할 일이 크게 줄어듭니다.

(2) 단점

① 가장 좋은 상품이 아닐 수도 있다.

대출 상담사의 수수료는 은행이 지급합니다. 수수료를 많이 주는 특정 상품을 추천할 개연성이 있습니다. 또, 대출 상담사는 본인이 속한 혹은 계약을 맺고 있는 은행에서 판매 중인 상품만 추천합니다. 계약이 되지 않은 다른 은행에 더 좋은 상품이 있을 수 있습니다. 그리고 디딤돌, 버팀목 등 국가에서 제도적으로 지원하는 대출 상품을 취급하지 않습니다. 즉, 대출 상담사가 추천해 주는 대출 상품이 현시점에서 고객에게 가장 좋은 상품이 아닐 수도 있습니다.

② 사기와 개인정보 악용의 위험성

대출 상담사가 고객을 대신해 대출을 진행할 수 있는 이유는 고객에게 권리를 위임 받았기 때문입니다. 권리 위임을 위해서는 아래와 같은 개인 정보를 넘겨줘야 합니다.

> 주민등록초본, 주민등록등본, 가족관계증명서, 전입세대 열람원,
> 신분증 앞면 사본, 재직증명서, 최근 2년 원청 징수 영수증 등

위 정보들은 굉장히 민감하고 중요한 내용을 담고 있습니다. 누군가가 악용하고자 마음먹으면 큰 위험에 빠질 수 있습니다. 그래서 대출 상담사는 자격을 취득한 사람만 할 수 있습니다. 다행히 우리는 함께하고 있는 상담사가 정식 대출 상담사가 맞는지 다음 사이트를 통해 확인해 볼 수 있습니다.

(3) 상담사 확인하는 법

검색창에 대출 상담사 조회를 입력한 후, '대출성 금융상품 판매 대리 / 중개업자 통합조회' 사이트에 접속합니다.

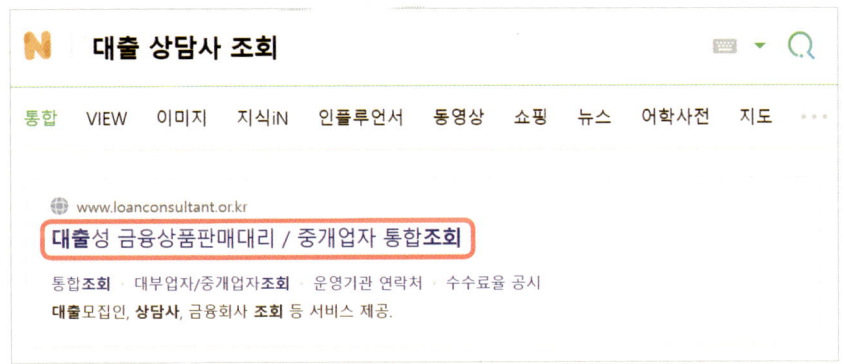

상담사의 명함을 바탕으로 이름, 등록번호를 기입하고 조회 버튼을 누릅니다. 등록번호를 도용했을 수도 있기 때문에 홈페이지에 나온 사진과 실제 얼굴이 일치하는지 꼼꼼하게 따져봐야 합니다. 얼굴을 확인하고 과거 위반 이력이 있는지도 찾아봅니다.

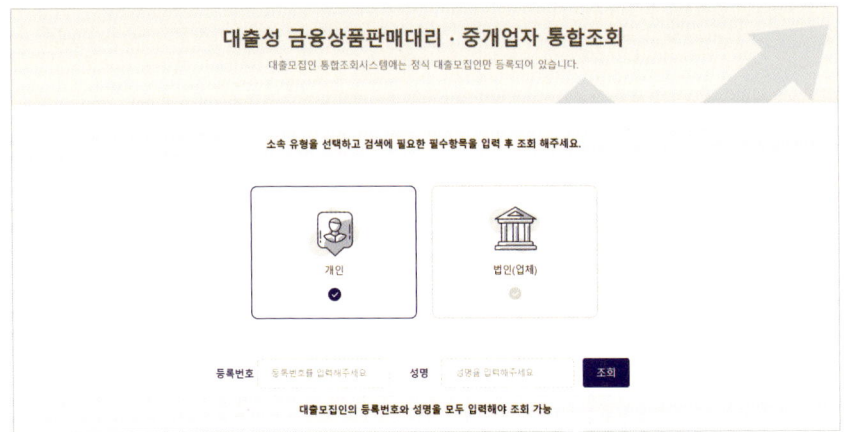

08
계약 전 안전장치 마련하기 & 계약하기

은행에서 대출 상담을 받은 결과, 철수는 주택도시기금의 신혼부부 전용 전세자금 대출을 받을 수 있으며 보증금의 80%까지 가능할 것 같다는 답변을 들었다. 그런데 철수의 표정이 마냥 밝지만은 않다. 이번 전세 계약은 보증금 액수도 크고 대출이라는 변수가 생긴 만큼, 걱정되는 것이 많았다. 이런 철수의 마음을 알기라도 한 듯 민수가 전화를 걸어왔다.

"어 민수 형! 웬일이야?"
"너 전세 계약 때문에 걱정하고 있었지?"
"어떻게 알았어? 사실 본계약 때문에 조금 걱정이야. 전세 사기 사례도 많고, 은행원이 대출이 문제없이 나올 것 같다고는 하는데 정확한 건 심사를 해봐야 알 수 있대. 혹시나 심사 단계에서 대출이 안 나오거나 금액이 줄어들까 봐 걱정돼."
"대비를 잘 하면 되지. 그때 만났던 카페에서 봐. 자세히 알려 줄게."

01 전세 보증금을 날리는 두 가지 경우

역전세와 깡통 전세 상황이 되면, 전세 보증금을 날릴 위험이 커집니다. 이 두 가지 모두 부동산 가격이 내려가는 시기에 주로 발생하므로 계약을 맺는 시점이 부동산 하락기라면 특히 주의해야 합니다.

(1) 역전세란?

역전세는 전세 보증금이 계약 시점보다 하락하는 경우를 말합니다. 내가 계약할 때는 전세 보증금이 3억 원이었는데, 계약이 만료된 시점에는 2억 5천만 원으로 내려가는 것이죠. 이것이 왜 문제가 될까요?

보통 집주인은 새로운 세입자에게 전세 보증금을 받아서 이전 세입자의 전세 보증금을 돌려줍니다. 그런데 전세 시세가 하락하면, 새로운 세입자에게 전세 보증금을 받아도 이전 세입자에게 돌려줄 돈이 모자라게 됩니다. 집주인이 현금을 충분히 보유하고 있으면 상관이 없지만 그렇지 않을 경우 이전 세입자는 보증금을 늦게 받거나 돌려받지 못할 가능성이 생깁니다.

이를 막기 위해서는 계약하는 시점이 전세 가격이 하락하는 시기는 아닌지 조사해 봐야 합니다. 공인 중개사들이 과거에 블로그에 올렸던 해당 동네에 있는 비슷한 매물들의 임대 홍보 글이나 호갱노노라는 앱을 통해 아파트와 오피스텔의 연도별 임대료 변화 등을 확인할 수 있습니다. 물론, 전세 시세가 하락하는 기간이라고 해서 무조건 계약하지 말라는 의미는 아닙니다. 보증 보험과 같은 안전장치를 잘 마련해두면 됩니다.

(2) 깡통 전세란?

깡통 전세는 집값(매매 시세)이 계약 시점보다 하락하는 경우를 말합니다. 집값이 내려가는 게 세입자에게 왜 문제가 되는 걸까요? 집주인은 집을 담보로 대출을 받습니다. 집의 가치가 하락한다는 것은 곧 담보가치가 떨어지는 것을 의미하죠. 집주인이 떨어진 담보가치만큼 빚을 갚거나 새로운 담보를 추가하지 않으면 은행은 집을 경매로 넘겨 원금을 회수하려 합니다. 이렇게 집이 경매로 넘어가면 세입자의 보증금 역시 위태로워집니다. 더욱이 집값이 내려간 상황이라 경매로 팔았을 때 받을 수 있는 돈이 크지 않습니다.

깡통 전세를 방지하기 위해서는 계약할 때 집의 안전성을 스스로 판단해 봐야 합니다. 합니다. 앞에서 70%룰을 알려드렸죠? 그 공식을 적용해 안전성을 평가해 보세요. 그리고 깡통 전세 역시 전세 보증 보험으로 막을 수 있습니다. 가장 확실한 안전장치이니 가능하면 꼭 보증 보험에 가입하세요.

02 전세 대출이 안 될 경우 대비하기

전세 대출 신청을 하고 심사 받는 과정에서 종종 대출이 거절되는 경우가 있습니다. 드물긴 하지만 사전에 대비해 둘 필요가 있습니다. 계약서를 쓰기 전, 중개사에게 다음과 같은 세 가지 사항을 계약서에 넣어달라고 요청하세요.

(1) 전세 대출 미승인 시 계약 무효 및 계약금 반환

전세 대출 승인이 안 날 경우, 계약을 무효화하고 계약금 또한 돌려주도록 하는 조항입니다. 다음과 같은 내용으로 넣으면 됩니다.

> "전세자금 대출 건으로 대출 미승인 시 본 계약을 무효로 하고 계약금은 즉시 반환한다."
>
> "전세자금 대출 심사 과정 가운데 은행 대출이 불가능할 경우 계약은 무효이며, 임대인은 임차인에게 계약금 진액을 반환해 준다."

(2) 임대인의 전세 대출 과정 협조

대출 과정에서 임대인의 협조가 필요할 수 있습니다. 간혹 비협조적인 집주인도 있기 때문에 아래와 같은 조항을 넣어두면 좋습니다.

> "임대인은 전세자금 대출 진행에 적극 협조한다."
>
> "임대인은 임차인의 전세자금 대출에 적극 협조하고, 임차인이 전세보증 보험 가입을 원할 경우에도 적극 협조한다. 물론, 이에 필요한 부대비용은 임차인이 지불하기로 한다."

(3) 임대인 근저당 설정 금지

대출 심사 도중에 집주인이 갑자기 근저당을 설정하면 승인이 안 날 수 있습니다. 따라서 이 기간에는 근저당 설정을 못 하도록 하는 조항을 넣어야 합니다.

> "전입일 기준 익일까지 근저당권 설정을 하지 않는다."
>
> "임대인은 임차인에게 전세 임대를 함에 있어 잔금을 지급받는 다음 날까지 근저당권 설정이나 제한물권을 설정하지 않는다. 임대인이 이를 위반할 시 계약은 무효가 되며, 임대인은 임차인에게 계약금의 2배를 위약금으로 지불한다."

03 전세 계약하기

(1) 계약금 입금하기

계약서의 특약사항까지 꼼꼼하게 읽어본 후, 전세 계약을 진행합니다. 계약할 때는 보증금의 10~20% 정도를 계약금으로 내야 합니다. 전세의 경우 10~20%도 금액이 상당하므로 미리 이체 한도를 높여 놓으면 좋습니다. 보통 집주인이 계약을 파기할 경우, 계약금의 두 배를 세입자에게 지불해야 하고 세입자가 계약을 파기할 경우에는 계약금을 돌려받을 수 없습니다.

(2) 확정일자 받기

전세 계약이 마무리됐다면, 임대차 계약서와 신분증을 지참하여 주민센터에 방문해 확정일자를 받습니다. 은행은 확정일자를 보고 계약이 잘 되었다는 것을 확인합니다. 대출을 신청함에 있어 필수적인 서류이므로, 미리 준비를 해야 합니다.

09
전세 대출 신청 및 계약하기

무사히 전세 계약을 마친 철수. 계약 당일 주민센터에 들러 확정일자도 받았다. 이제 다시 은행에 방문해 전세 대출만 신청하면 끝이다. 제출할 서류가 많지만, 다행히 예전에 회사에서 받아 뒀던 서류들도 꽤 있어서 금방 준비할 수 있을 것 같다. 그런데….

"너 대출 신청 때 내는 서류는 1개월 이내에 발급한 서류만 가능한 거 알지?"
"헉 그래? 몰랐어."
"그럴 줄 알았어. 정리해 놓은 자료 공유해 줄 테니까 빠진 서류는 없는지 체크해 보고, 전세 보증 보험 종류도 미리 한번 알아보고 가."

01 필요 서류 제출하기

전세 대출을 신청하기 위해 필요한 서류는 생각보다 많습니다. 이때 회사에 요청해야 할 것, 중개사에게 요청해야 할 것, 셀프로 준비해야 할 것으로 구분해 서류를 모으면 실수를 방지할 수 있습니다.

(1) 회사에 요청해야 할 것
　① 근로자
　　a. 근로소득 원천징수 영수증 or 급여 명세표
　　b. 재직 증명서(직인 필요)
　　c. 회사 사업자 등록증 사본
　　d. 홈택스 주업종 확인 코드

　② 자영업자 or 프리랜서
　　a. 홈택스 발급 소득 금액 증명원
　　b. 사업자 등록증 or 위촉 증명서

(2) 중개사에게 요청해야 할 것
　① 요청 자료
　　a. 계약금 납부 영수증
　　b. 등기사항 전부 증명서(등기부등본)
　　c. 건축물대장
　　d. 공급 계약서

e. 부동산 임대차 계약서

(3) 셀프로 준비해야 할 것
① 준비 사료
a. 확정일자가 적힌 부동산 임대차 계약서
b. 주민등록등본 / 초본
c. 가족 관계 증명서
d. 고용보험 피보험자격 이력 내역서
e. 건강보험 자격득실 확인서(국민건강보험공단 사이트)
f. 4대 보험 가입 확인서
g. 전입세대 열람원(*전세 보증 보험 가입 시)

위의 서류들은 예시일 뿐, 정답은 아닙니다. 은행에 따라, 대출 상품에 따라 요구하는 서류는 달라질 수 있습니다. 따라서 해당 은행의 정확한 안내를 받은 다음, 준비하는 것을 추천합니다. 필요한 서류를 모두 준비했다면 은행에 방문해서 대출 신청을 하면 됩니다.

02 전세 대출 신청서 작성하기

필요 서류를 들고 은행에 방문하면, 은행원의 안내에 따라 대출 신청서를 작성하게 됩니다. 은행원이 세세하게 안내해 주기 때문에 특별히 어려운 일은 없습니다.

03 전세 대출 승인 심사 기다리기

서류를 제출하고 대출 신청서를 작성했다면 대출 승인이 나올 때까지 연락을 기다리면 됩니다. 며칠 뒤에 은행에서 연락을 주고 이후 과정 안내를 해줍니다.

04 전세 대출 계약하기

대출이 승인되었다는 연락을 받으면 다시 은행에 방문합니다. 이제 대출 거래 약정서(대출 계약서)를 작성하게 됩니다.

(1) 전세 대출 계약서 작성하기
은행원의 안내에 따라 대출 약관과 관련된 서류에 차례로 서명을 합니다. 특별히 어려운 건 없습니다.

(2) 전세 보증 보험 가입하기
전세 보증 보험은 은행 대출을 받는 과정에서 가입할 수 있습니다. 은행원에게 전세 보증 보험 상품에 대한 안내를 도와 달라고 하고, 가입을 부탁할 수 있습니다. 은행에서 전세 보증 보험에 가입할 때의 준비물은 다음과 같습니다.

① 준비물
  a. 신분증
  b. 주민등록등본(주민등록번호 표시)

c. 확정일자가 날인된 임대차 계약서

　　d. 전입세대 열람원

　위의 a, b, c는 대줄을 신청하면서 이미 제출한 서류입니다. 즉, '전입세대 열람원'만 따로 준비해서 제출하면 됩니다. 전입세대 열람원은 집에 전입해 있는 세대가 있는지 확인하는 서류로 주민센터에서 발급이 가능합니다.(인터넷 발급 불가)

　전세 보증 보험은 집에서 인터넷으로도 할 수 있습니다. 전세 보증 보험 상품은 SGI 서울 보증 보험, HUG 주택도시 보증 공사, HF 한국주택금융공사 등 다양한 기관에서 취급하고 있습니다. 사전에 전세 보증 보험 가입이 가능한지 알아본 후, 상황과 조건에 알맞은 상품을 활용하면 됩니다.

10
잔금 치르기

대출 심사 결과, 예상대로 보증금의 80%를 전부 대출받을 수 있게 됐다. 내일은 철수가 새로운 전셋집에 입주하는 날! 월세방을 구할 때 민수에게 배웠던 것을 토대로 미리 이체 한도도 높여 놓고, 이삿짐도 완벽하게 싸 놨다. 철수는 민수에게 고맙다는 인사와 함께 기프티콘을 선물했다.

"형 저번에 자료 공유해 줘서 너무 고마워. 이제 내일 잔금만 치르면 끝나."
"고마워. 잘 먹을게. 너 그런데 전…."
"전입신고 말하는 거지? 저번에 형이 알려준 거 잘 기억하고 있어."
"그래? 더 궁금한 건 없고?"
"사실 한 가지 있는데, 내일 집주인한테 대출금 바로 송금되면 내가 해야 할 건 따로 없는 거야?"
"대출받은 것 외에 남은 보증금이 있지 않아? 그건 내일…."

01 대출 실행일에 잔금 치르기

대출 실행은 보통 임대차 계약서상 잔금을 납부하기 며칠 전이나, 잔금을 납부하는 날에 진행됩니다. 대출을 실행하는 방식에는 은행과 상품에 따라 약간의 차이가 있는데 크게 두 가지로 나눌 수 있습니다.

(1) 은행이 직접 집주인에게 송금하는 경우

은행이 직접 집주인에게 대출금을 송금하는 경우입니다. 보통 은행은 잔금을 치르고 이사를 하는 날 오전에 송금을 진행합니다. 여러분은 총 전세 보증금에서 대출금을 제외한 나머지를 집주인에게 송금하고 입주하면 됩니다.

(2) 은행이 나에게 송금해 주는 경우

은행이 대출금을 나에게 송금하는 경우입니다. 은행 대출금과 내 종잣돈을 더해 전세 보증금에 해당하는 금액을 집주인에게 송금하고 입주하면 됩니다.

02 인지세와 보증료

마지막으로 인지세와 보증료를 납부해야 합니다.

(1) 인지세란?

인지세는 문서에 대한 세금으로 재산과 관련된 계약 문서를 작성할 때 부과됩니다. 정부가 발행한 인지(증표)를 계약서에 붙이는 것이 세금을 납부했다는 증명이 되기 때문에 인지세라고 부릅니다.

　인지세는 대출 금액에 따라 차등적으로 부과되며, 금융기관과 고객이 50%씩 나눠 냅니다. 5천만 원 이하의 금액에 대해서는 인지세가 면제됩니다. 1억 원을 대출받을 경우, 대출을 받는 세입자가 내야 할 인지세는 3만 5천 원입니다. 인지세는 대출 실행 당일에 바로 납부해야 하므로 대출 실행 당일 금액이 모자라지 않도록 통장 잔고를 미리 확인하는 것이 좋습니다.

대출금	총 인지세	세입자 부담액(50%)
5천만 원 이하	면제	면제
5천만 원 초과 ~ 1억 원 이하	7만 원	3만 5천 원
1억 원 초과 ~ 10억 원 이하	15만 원	7만 5천 원
10억 원 초과	35만 원	17만 5천 원

▲ 대출 금액에 따른 인지세

(2) 보증료란?

　전세 보증 보험에 가입한 경우 보증 금액에 따른 보증료를 내야 합니다. 총 보증료는 보증금액×보증료율×보증기간으로 계산할 수 있습니다. 예를 들어, 보증금액 3억 원, 보증 기간 2년, 보증료율 0.128% 라면 768,000원의 보증료를 내야 하는 것이죠. 물론 보증 기관별로, 주택 유형별로 보증 금액이나 보증료율이 다릅니다. 은행을 통해 가입할 경우 사전에 보증료 금액을 미리 안내해 주니 걱정하지 않아도 됩니다.

　보증료 역시 대출 실행 당일에 바로 납부해야 하므로 대출 실행 당일 금액이 모자라지 않도록 통장 잔고를 미리 확인하는 것이 좋습니다.

11
전입신고하기

전세 대출을 받아 이사까지 잘 마쳤다면, 이제 남은 미션은 한 가지입니다. 바로, 전입신고를 하고 은행에 그 사실을 증명하는 것입니다.

01 전입신고하기

주민센터에 방문해서 전입신고를 합니다.

02 은행에 주민등록등본 제출하기

전입신고 처리가 완료되면, 주민등록등본을 발급받아 은행에 제출합니다. 자, 이제 전세 대출을 받아 전셋집으로 이사하는 과정이 모두 끝났습니다.

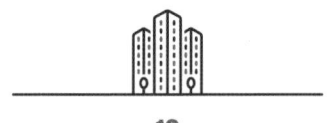

12
계약 연장하기 or 계약 종료하기

전셋집을 마련한 지도 어느덧 2년이 다 되어 간다. 지금 살고 있는 집이 마음에 들어 전세 계약을 연장하려는 철수. 월셋집에 살 때는 집주인이랑만 얘기하면 됐는데 이제는 은행이랑도 얘기해야 해서 신경 써야 할 것이 늘었다. 게다가 며칠 전 전세 보증금의 5%를 인상하겠다는 집주인 연락까지 받은 상황. 철수는 민수에게 오랜만에 안부 인사도 전할 겸 전세 계약 연장과 관련해 궁금한 것들을 물어보기로 했다.

"민수 형, 잘 지내? 내가 곧 전세 계약을 연장해야 하는데 궁금한 게 있어. 집주인이 보증금을 5% 인상해달라고 하고 또 전세 대출도 연장해야 하는데…."
"그래? 하나씩 천천히 말해 봐. 우선 전세 계약 연장부터."

01 전세 계약 연장하기

전세 계약을 연장하려면 두 가지를 같이 연장해야 합니다. 하나는 '전세 계약'을 연장하는 것이고, 하나는 '전세 대출'을 연장하는 것입니다.

(1) 전세 계약 만기에 재계약하기

전세 계약 만기가 도래하기 최소 2개월 전에는 집주인과 미리 대화해야 합니다. 현행 임대차 보호법에 따르면, 2년 전세 계약이 끝나더라도 임차인이 계약 연장을 희망하면 2년을 더 살 수 있습니다. 집주인은 특별한 사유가 없는 이상 이를 거부할 수 없습니다.(단, 집주인과 그 가족이 직접 들어와서 살겠다고 하는 경우에는 세입자가 나가야 합니다) 이를 전세 계약 갱신 청구권이라 하는데, 계약 만료일을 기준으로 최소 2개월 전에는 임대인에게 계약 연장에 대한 의사를 밝혀야 사용할 수 있습니다.

(2) 전세 계약 만기에 대출 연장하기

집주인과 전세 계약 연장에 대한 대화를 마쳤다면 전세 대출을 연장해야 합니다. 대출 만기가 한 달 정도 남은 시점이 되면 은행의 담당자로부터 연락이 옵니다. 이때, 대출 연장에 대한 의사를 물어보는데 대출 이용자가 연장을 원하는 경우 제출해야 하는 서류를 안내해 줍니다. 서류는 대부분 처음 대출을 신청할 때 제출했던 것과 동일합니다.

은행은 업데이트된 서류를 통해 대출 이용자의 경제적 능력과 신용, 담보, 해당 부동산의 가치에 변화가 있는지 확인합니다. 연장 신청이 들어가면 심사 기간을 거쳐 연장 여부가 결정되는데, 그동안 특별한 일이 없었다면 대부분은 연장이 됩니다.

(3) 알아 두면 좋은 내용

① 묵시적 갱신이란?

임대인이 임대차 기간이 끝나기 최소 2개월~최대 6개월 사이에 임차인에게 계약 갱신 거절, 계약 조건 변경 등을 통지하지 않은 경우 계약 만료 시점에 이전 임대차 계약과 동일한 조건으로 계약이 자동 연장되는 것을 말합니다. 이를 묵시적 갱신이라 합니다. 즉, 집주인도 계약 종료, 변경, 연장에 대해 아무 말도 안 하고, 세입자 역시 아무 말도 안 한 채로 계약 만기까지 왔다면 기존 조건 그대로 계약이 자동 연장된다는 의미입니다. 묵시적 갱신의 경우 계약 만기에 계약서를 새로 작성하지 않고, 기존 조건 그대로 연장이 됩니다.

② 보증금, 올려줘야 할까?

2020년 7월 31일부터 전월세 상한제가 시행되었습니다. 전월세 상한제란 쉽게 말해 재계약(계약 연장)을 할 때 보증금 또는 월세 인상 폭을 5% 이내로 제한하는 법입니다. 즉, 집주인은 월세나 보증금을 5% 이상 올릴 수가 없습니다. 만약 5% 이상 올릴 경우 세입자는 계약 갱신 청구권을 1회 사용할 수 있습니다.

③ 계약 갱신 청구권이란?

계약 갱신 청구권은 세입자가 계약 연장을 원할 경우 1회에 한해 계약 갱신을 청구할 수 있는 권리입니다. 집주인은 정당한 사유 없이 이 청구권을 거절하지 못합니다. 계약을 갱신할 때 집주인이 임대료를 증액할 수 있지만, 그 상한은 5%입니다. 계약 갱신 청구권을 명확하게 요구하지 않고 묵시적으로 계약이 갱신된 경우, 청구권을 사용하지 않은 것으로 간주하여 다음 갱신 시 청구권을 사용할 수 있습니다.

집주인이 계약 갱신 청구권을 거절할 수 있는 사유에는 무엇이 있을까요?
왼쪽 QR 코드로 확인하세요!

02 전세 계약 종료하기

계약 종료를 원하면 전세 보증금을 돌려받아 이사를 나가야 합니다. 이때 목표는 전세 보증금을 안전하게 돌려받는 것입니다. 세 가지 경우로 나눠 살펴보겠습니다.

(1) 전세 계약 만기에 보증금 돌려받기

보증금을 받아 이사를 나가려면, 계약 만기 날이 도래하기 최소 2개월 전에 집주인에게 계약을 연장하지 않겠다는 의사를 밝혀야 합니다. '계약 갱신을 하지 않겠다, 전세 연장을 하지 않겠다.'라는 메시지를 전달하고 답변을 받으면 됩니다.

그리고 집주인이 전세 보증금을 계약 만기 날에 돌려줄 수 있는지, 정확히 물어봐야 합니다. 일부 집주인은 현금을 많이 보유하고 있어서 다음 세입자가 들어오지 않아도 보증금을 돌려줄 여유가 있지만, 다음 세입자가 들어오지 않으면 보증금을 돌려주기가 어려운 집주인도 많습니다. 보통 세입자는 전세 보증금을 받아 다음 집의 보증금으로 사용합니다. 새로운 집에 이사 가는 시기를 맞추기 위해서라도 전세 보증금 반환 시기를 명확히 확인해야 합니다.

(2) 전세 보증금 반환 지연 시 대처하기

일부러 전세 보증금을 돌려주지 않는 집주인은 거의 없습니다. 다음 세입자를 구하지 못해 보증금 반환이 지연되는 것이죠. 집주인이 악의를 가지고 일부러 늦게 주는 것이 아니라면, 다음 세입자가 들어올 때까지 약간의 여유를 가지고 기다려주는 것이 좋습니다.

물론 이사 가는 날이 늦어져서 불만이 생길 수 있습니다. 또 집주인의 태도가 괘씸해서 가만두고 싶지 않을 수도 있습니다. 책임을 묻고 대가를 치르게 하고 싶다면, 결국 소송을 진행하는 수밖에 없습니다. 하지만 월세 편에서 말씀드린 것처럼 소송은 많은 에너지가 소모되고 굉장히 스트레스받는 일입니다. 따라서 단순히 세입자를 구하지 못하는 문제라면 배려와 대화를 통해 원만하게 해결하는 것이 가장 좋습니다.

(3) 전세 보증금 미반환 시 대처하기

흔한 일은 아니지만, 집주인이 전세 보증금을 돌려주지 않는 경우도 있습니다. 이럴 때는 법의 도움을 받을 수밖에 없습니다. 집주인을 상대로 보증금 반환 소송을 진행하세요. 물론 관련된 내용을 지금 공부할 필요는 없습니다. 나중에 그런 일이 발생하면 그때 책, 인터넷 자료, 변호사 상담 등을 통해 준비하면 됩니다.

집이 경매로 넘어갈 경우, 보증금을 못 돌려받을까 봐 걱정될 수 있습니다. 하지만 애초에 안전한 집을 잘 계약했고, 전입신고와 확정일자까지 받았다면 임대차 보호법에 의해 보증금을 보호받을 수 있습니다. 법원의 경매 처리 일정에 맞춰서 보증금을 돌려받으면 됩니다.

잠깐 쉬어가기

은행 직원이 알려주는 대출 꿀팁

1) 금리 낮추는 방법

① 주거래 은행부터 알아보자.

주거래 은행의 대출 상품이 무조건 더 저렴한 건 아닙니다. 하지만 주거래 은행은 급여이체, 공과금 자동이체, 카드 사용 등의 조건을 반영해 금리를 인하해 줄 수 있습니다. 따라서 주거래 은행부터 먼저 방문하는 것을 추천드립니다.

② 월급이 들어오는 통장을 직장인 통장으로 변경하자.

직장인 통장으로 월급이 들어오면 은행은 가산점을 부여합니다. 향후 전세자금 대출이나 신용대출을 받을 때 우대금리를 적용받을 수 있습니다.

③ 금리 인하 요구권을 활용하자.

취업이나 승진 등 대출 당시와 비교해 신용 등급이 상향될 만한 변동이 있을 경우, 은행에 금리 인하 요구권을 요청할 수 있습니다. 은행은 금리 인하 요구를 받은 날부터 10 영업일 이내에 금리인하 요구 수용 여부 및 그 사유를 전화, 문자메시지, 서면 등으로 고객에게 통지해야 합니다. 반드시 수용된다는 보장은 없지만, 신용에 변화가 생겼다면 충분히 활용해 볼 만합니다.

2) 대출 상품 비교하기

대출 상품의 종류는 굉장히 다양합니다. 많은 상품을 일일이 확인하려면 시간과 노력이 필요하죠. 다행히 수많은 대출 상품을 한눈에 비교해 볼 수 있는 두 가지 방법이 있습니다.

첫 번째는 은행 연합회 홈페이지를 이용하는 것입니다. 은행 연합회 사이트 ⋯ 상단의 소비자 포털 ⋯ 금리/수수료 비교 공시 ⋯ 대출 금리에 대한 이해 ⋯ 대출 금리 비교로 들어가면 대출 상품을 비교해 볼 수 있습니다.

▲ 은행 연합회 대출 금리 비교 바로 가기

💬 잠깐 쉬어가기

두 번째 방법은 앱을 활용하는 것입니다. 대표적인 앱으로는 핀다가 있습니다. 핀다 메인 화면에서 전·월세 맞춤 추천을 클릭한 뒤, 스크롤을 내려 시작하기를 누르고 각종 개인 정보를 입력하면 나에게 맞는 대출상품을 추천해 줍니다. 또한 신용점수가 변동되었을 때 변경할 수 있는 대출 상품 안내도 받을 수 있습니다.

3) 전세 대출 신청은 언제 하는 것이 유리할까?

2022년부터 은행은 금융당국에 의무적으로 대출 현황을 보고해야 합니다. 즉, 결산이 이루어지는 각 분기 말과 연말은 대출 총액을 낮추기 위해 대출 한도를 줄일 확률이 높습니다. 따라서 전세 대출 신청은 분기 초와 연초인 1월, 4월, 7월, 그리고 10월 초에 하는 것이 유리합니다.

4) 대출도 취소할 수 있을까?

대출도 취소가 가능합니다. 대출금을 반환한 후에 대출 철회권을 행사하면 됩니다. 개인 대출에 한해 대출받은 후 14일 이내에 대출 철회 의사만 표시하면 별도의 수수료 없이 대출을 취소할 수 있습니다. 신용대출은 4천만 원, 담보대출은 2억 원까지 철회가 가능합니다. 단, 한 금융기관에서 1년에 2번, 전체 금융기관에서 한 달에 2번으로 횟수에 제한이 있습니다. 또한 별도의 수수료는 없더라도 철회 전까지 발생한 이자는 납부해야 합니다.

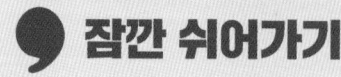
잠깐 쉬어가기

 # 전세 사기 유형별 정리

전세 사기 수법이 나날이 교묘해지고 있습니다. 대표적인 사기 수법 세 가지를 살펴보고 대응 방안을 함께 고민해 보는 시간을 가져보겠습니다.

1) 잔금일 계약 변경을 조심하자

확정일자에 전입신고까지 마친 A 씨. 그런데 보증금을 돌려받지 못하는 일이 발생합니다. 어떻게 이런 일이 가능한 걸까요? 법 제도에 맹점이 있기 때문입니다.

확정일자와 전입신고는 신고한 다음 날 0시에 효력이 발생합니다. 예를 들어, 22일 화요일 오후 2시에 확정일자와 전입신고를 하더라도 그 효력은 23일 0시부터 발생하는 것이죠. 10시간이 사실상 무방비 상태가 되는 것입니다. 그런데 근저당 설정은 즉시 효력이 발생합니다. 만약 집주인이 이 10시간 사이에 은행에서 대출받아 근저당을 설정해버리면 등기부등본에는 세입자가 보증금을 받을 권리보다 더 먼저 기재가 됩니다. 분명 계약 당시 등기부등본에는 근저당이 없었는데 계약을 마치고 전입신고까지 한 이후에 갑자기 나보다 순위가 앞선 근저당이 생긴 것입니다.

그렇다면 어떻게 이런 상황을 막을 수 있을까요?

안타깝게도 집주인이 작정하고 계약 당일 근저당을 설정하면 막을 방법이 없습니다. 그나마 현실적인 대안은 전세 계약서의 특약을 이용하는 것입니다. 계약 시 특약 시행으로 '계약 당일 근저당 설정을 금지한다.' '전입신고의 효력이 발생하는 날까지 등기부등본은 계약 당시의 상태를 유지한다.'는 조항을 집어넣는 것이죠. 그리고 전입신고 다음 날 등기부등본을 다시 한번 확인하면 됩니다.

2) 신축 빌라는 조심 또 조심!

신축 빌라는 깡통전세가 많습니다. 왜 그럴까요? 보통 시세는 실제 거래된 가격을 바탕으로 형성이 됩니다. 그런데 신축 빌라는 새로 지어졌기 때문에 거래 내역이 없습니다. 즉, 실제 가격을 파악하기가 어렵습니다. 사기꾼들은 바로 이점을 악용합니다.

분양회사(대행사)는 3억 원에 임대인에게 빌라를 팝니다. 임대인은 이 집을 4억 원에 전세를 놓습니다. 그리고 주변 시세를 잘 모르는 순진한 사회 초년생, 신혼부부를 세입자로 받습니다. 보통은 분양회사(대행사), 임대인, 공인중개사가 짜고 일을 벌이기 때문에 세입자는 속을 수밖에 없습니다.

그리고 시간이 지나 만기가 다가옵니다. 전셋값 너무 비싸기 때문에 세입자가 안 구해집니다. 임대인은 돌려줄 돈이 없다며 경매로 집을 넘기겠다고 합니다. 그런데 집값이 3억 원이라 경매를 해도 2억 원대밖에 회수가 안 됩니다. 설상가상으로 신축 빌라는 경매를 해도 사려는 사람이 많지 않습니다. 이때 임대인이 세입자에게 제안합니다. 이 집을 경매로 사는 건 어떻겠냐고요. 전세 보증금을 돌려받을 길

💬 잠깐 쉬어가기

이 없는 세입자는 울며 겨자 먹기로 경매에 참여해 집을 낙찰받습니다. 결과적으로 세입자는 3억 원도 안 되는 원치 않는 빌라를 4억 원을 주고 산 셈입니다. 분양회사는 신축 빌라를 지어서 임대인에게 다 팔았습니다. 이른바 완판입니다. 임대인은 3억 원에 집을 사서 전세 보증금 4억 원을 받았고 이를 돌려주지 않았습니다. 1억 원이 수중에 남습니다. 이 과정에서 공인중개사 역시 분양회사와 임대인에게 리베이트를 받습니다. 세입자 빼고는 모두 돈을 벌었습니다. 아니, 세입자에게 사기를 친 돈을 사이좋게 나눠 가졌습니다.

여기서는 한 가지 사례만 소개했지만, 신축 빌라를 매개로 한 전세 사기의 유형은 굉장히 다양합니다. 따라서 부동산 매매 경험이 적은 사회 초년생, 신혼부부는 신축 빌라를 특히 주의해야 합니다. 그럼에도 불구하고 신축 빌라로 가고 싶다면 어떻게 해야 할까요? 계약 전에 보증 보험 가입이 되는지 확실하게 확인하세요. 보증 보험 가입이 안 된다는 것은 보증 기관이 이 집을 위험하게 생각하고 있다는 의미입니다. 따라서 아무리 마음에 들어도 보증 보험 가입이 안 되는 신축 빌라는 계약하지 않는 것이 좋습니다.

3) 집주인의 세금 체납을 확인하자.

집이 경매로 넘어갔을 때는 등기부등본에 적힌 순서대로 돈을 돌려받습니다. 그런데 등기부등본보다 더 앞선 권리가 있습니다. 바로 국가의 세금 징수입니다. 집주인이 세금을 체납한 상태라면 국가는 다른 권리보다 앞서 세금부터 가져갑니다. 등기부등본상 선순위여서 당연히 보증금을 돌려받을 줄 알았는데, 미납한 세금을 떼고 나니 남은 돈이 없는 경우가 발생할 수 있죠. 그래서 집주인의 세금 체납 여부를 국세 완납 증명서와 지방세 완납 증명서를 통해 확인해야 합니다. 문제는 그것이 쉽지 않다는 것입니다. 일단 집주인 입장에서 세입자에게 국세 완납 증명서와 지방세 완납 증명서를 보여줄 의무가 없습니다. 일반적인 거래에서 납세증명서까지 보여주는 경우는 드물기 때문에 이것을 기분 나빠하는 집주인들도 꽤 있습니다. 어쩔 수 없는 부분이므로 가능한 선에서 정중하게 요청하는 수밖에 없습니다.

4) 이상하면 계약하지 말자.
공인중개사나 집주인이 이상한 제안을 할 때가 있습니다. 이런저런 핑계 혹은 사정을 이야기하며 계약서를 이중으로 쓰자고 한다던가, 은행에서 대출받아야 하니 잠깐만 전입신고를 말소해 달라는 등의 요구를 하는 것이죠. 옆에서 공인 중개사가 아무 문제 없다고 부추기는 바람에 별생각 없이 시키는 대로 하는 세입자들이 의외로 많습니다.
그러나 이 책의 내용을 벗어난 통상적이지 않은 거래는 큰 위험을 초래할 수 있습니다. 집주인의 사정 때문에 내가 큰 위험에 빠질 필요는 없습니다. 느낌이 이상하면, 조금이라도 찜찜하면 계약하지 않는 것이 좋습니다.

청약으로 내 집 마련하기

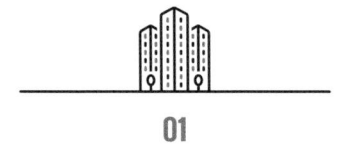

01
청약이란 무엇일까?

전셋집에서 3년째 잘 살고 있는 철수. 그동안 많은 일들이 있었다. 가장 큰 변화는 이제 곧 아빠가 된다는 것. 더 큰 책임감이 생긴 철수는 내 집 마련을 해야겠다는 결심을 한다.

"형, 오랜만이야. 잘 지내지? 다름이 아니라, 이제 곧 아이도 태어나니까 우리 가족이 살 수 있는 보금자리가 있으면 좋을 것 같아. 내 집 마련을 하려면 어떻게 해야 해?"
"내 집 마련 방법으로는 청약만 한 게 없지!"
"응. 알아보고는 있는데 처음이라 모르는 단어도 많고 좀 어렵네."
"걱정 마. 내가 도와줄게. 먼저, 청약이 어떤 제도인지부터 알아보자."

01 청약의 정의

물건의 가격은 수요와 공급에 의해 결정이 됩니다. 수요가 많거나 공급이 적으면 가격이 올라가고 반대로 수요가 적거나 공급이 많으면 가격이 내려갑니다. 그런데 수요와 공급에만 가격을 맡기면 안 되는 상품들이 있습니다. 대표적인 게 아파트입니다.

건설사는 아파트를 지은 다음, 구매자에게 판매합니다. 이렇게 막 지어진 신축 아파트를 구매자에게 파는 것을 분양이라고 합니다. 만약 분양을 건설사와 구매자가 자율적으로 하도록 놔두면 어떤 일이 발생할까요? 돈이 많은 사람들이 아파트를 싹쓸이할 것입니다. 결국 분양가(분양 가격)가 치솟게 되고, 대다수의 국민들은 내 집 마련을 할 수 없게 되겠죠. 이는 정부가 목표로 하는 서민의 주거 안정에 반하는 일입니다.

그래서 정부는 분양가가 일정 금액을 넘지 않도록 규제를 합니다. 이를 분양가 상한제라고 합니다. 분양가 상한제 덕분에 신축 아파트의 분양가는 주변 아파트 시세보다 낮습니다. 심지어 새 건물인데도요. 그러다 보니 너도나도 신축 아파트를 분양받고 싶어 합니다. 주변 아파트 가격이 10억 원인데, 인근에 새로 지어진 아파트의 분양가가 5억 원이라면 분양을 받는 사람은 앉은 자리에서 5억 원을 버는 것과 같으니까요.

이 상황에서 과연 누구에게 분양받을 권리를 줘야 할까요?

신축 아파트의 분양 자격과 순서를 정하는 기준이 바로 주택청약제도입니다. 정부는 주택청약제도에 따라 분양받을 사람을 정해줍니다. 이것이 흔히 말하는 아파트 청약입니다. 청약을 통해 분양받을 권리를 얻게 되면 우리는 '청약에 당첨 되었다.' '아파트에 당첨되었다.'라고 이야기합니다. 그렇다면 청약은 어떻게 하는 걸까요? 청약의 시작, 그 첫걸음은 바로 통장 개설입니다.

02 청약의 첫걸음, 통장 개설!

현재 개설 가능한 청약통장에는 '주택청약종합저축'이 있습니다. 국내 거주자라면 누구나 가입할 수 있고, 월 2만 원~50만 원 내에서 자유롭게 입금이 가능합니다. 2015년 이전에는 청약예금, 청약부금, 청약저축 세 가지가 있었는데, 통장마다 청약의 종류가 달라 번거롭다는 의견이 많아 현재는 주택청약종합저축 하나로 통합이 되었습니다. 청약통장은 신분증을 가지고 은행에 직접 방문하여 개설할 수 있습니다. 요즘은 앱을 통해 비대면으로도 쉽게 개설 가능합니다.

02
청약 당첨자, 어떻게 뽑을까?

청약에 대한 기본적인 정보를 알게 된 철수, 청약통장을 개설한 후 민수에게 전화를 건다.

"민수 형, 나 청약통장 개설했어. 그런데 궁금한 게 있어서 연락했어."
"응, 철수야. 궁금한 게 뭐야?"
"청약을 한다고 해서 모든 사람이 당첨될 수는 없으니, 선정 기준이 있을 텐데 아까 통장 가입자 현황 보니까 되게 많더라고. 당첨자는 어떻게 뽑는 거야?"
"맞아, 네 말대로 청약 통장 가입자가 점점 늘어나고 있어. 그래서 당첨 선정 방법을 잘 아는 게 중요해. 어떤 기준으로 뽑냐면…."

01 청약 주택의 종류

2019년부터 2022년까지의 주택청약종합저축 통장 가입현황은 다음과 같습니다. 전 국민의 거의 절반이 청약 통장을 가지고 있다고 해도 과언이 아닙니다. 이 많은 사람 중에 소수를 선별해야 하는데, 도대체 어떤 기준을 가지고 뽑는 걸까요?

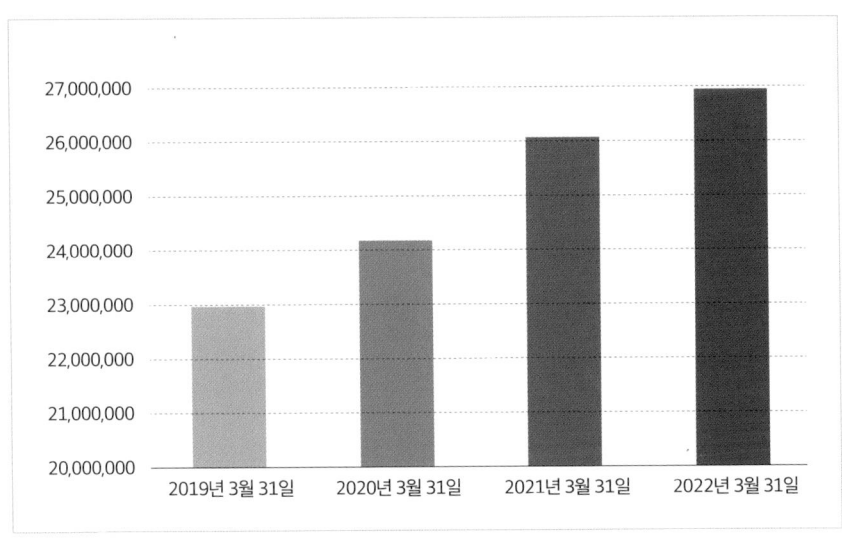

▲ 주택청약종합저축 통장 가입 현황

(1) 공공분양과 민간분양

당첨 기준은 주택의 종류에 따라 달라집니다. 주택의 종류는 크게 공공분양을 통해 공급되는 국민주택, 민간분양을 통해 공급되는 민영주택으로 나뉩니다. 공공분양은 국가, 지방자치단체, 토지 주택 공사와 같은 공적 사업 주체가 주택을 분양하는 것으로, 이때 분양되는 주택을 국민주택이라 합니다. 국민주택의 면적은 85m^2을 넘어가지 않습니다. 민간분양은 민간기업이 사업 주체가 되어 주택을 분양하는 것으로, 이때 분양되는 주택이 민영주택입니다. 국민주택을 제외한 모든 주택이 민영주택에 해당합니다. 우리가 흔히 알고 있는 자이, 힐스테이트, 롯데 캐슬, 푸르지오와 같은 브랜드 아파트가 대표적인 민영주택입니다.

02 당첨자 선정 방법

청약은 순위 순차제입니다. 1순위 그룹, 2순위 그룹으로 순위를 나누고, 1순위 그룹에서 미달될 때만 2순위 그룹에게 기회가 생깁니다. 하지만 이미 1순위에 해당하는 사람이 차고 넘칠 만큼 많기 때문에 2순위까지 기회가 오는 경우는 흔치 않습니다.

국민주택은 순위 순차제를 채택하고 있습니다. 동일 순위 내 경쟁이 있을 때는 추첨제를 이용합니다. 추첨제란 말 그대로 추첨을 통해 당첨자를 선정하는 방식입니다. 민영주택 역시 순위 순차제가 기본입니다. 하지만 같은 순위에서 경쟁이 있을 경우 가점제와 추첨제를 이용합니다. 가점제는 일정 조건을 만족하면 가점이 주어지는 제도입니다. 보통 1순위 내 경쟁이 있을 때, 주택 면적과 관계 없이 가점제와 추첨제를 적용하고 2순위 내 경쟁이 있는 경우에는 추첨제를 이용합니다. 가점제의 기준은 세 가지가 있고 총 84점인데요, 무주택 기간(32점), 부양가족 수(35점), 입주자 저축 가입 기간(17점)이 있습니다.

당첨자 선정 방법		동일 순위 내 경쟁		
국민주택	순위 순차제	추첨제		
민영주택	순위 순차제	1순위	면적 85m² 초과	가점제와 추첨제
			면적 85m² 이하	
		2순위	추첨제	

당첨에 가까워지는 방법은 뒤에서 더 자세히 다루니, 지금은 큰 틀에서 이렇게만 이해하고 넘어가면 됩니다. 민영주택에서 가점제와 추첨제의 비율은 지역에 따라 달라집니다. 특히 투기과열지구, 청약과열지구의 경우 여러 가지 규제가 따르기 때문에 청약을 넣으려는 아파트가 어느 지역에 있는지도 꼭 확인해야 합니다.

아무 데나 청약을 넣어도 될까? - 재당첨 제한 제도

청약에 당첨되면 아파트 가격의 약 10%에 해당하는 계약금을 지불해야 합니다. 기간 안에 지불하지 못하면 당첨이 취소되죠. 문제는 당첨이 취소된 사람은 일정 기간 동안 재당첨이 불가하다는 것입니다. 따라서 계약금을 지급할 능력이 충분한지 등 여러 여건을 고려한 다음 신중히 지원해야 합니다. 물론 지불 능력 등 여건이 된다면 당첨 확률을 높이기 위해 많은 곳에 지원하는 것도 괜찮은 방법입니다. 중요한 건 지원 횟수가 아니라 준비 여부입니다.

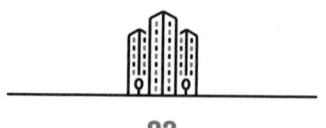

03
투기과열지구란 무엇일까?

서울과 수원 쪽의 아파트 청약을 준비하던 철수. 해당 지역이 투기과열지구에 속한 것을 알게 된다.

"형, 투기과열지구가 뭐야? 여기는 청약을 넣으면 안 돼?"
"청약을 넣어도 되지. 그런데 투기과열지구는 여러 가지 규제가 있어서 잘 확인해 보고 신청을 해야 해."
"규제? 어떤 규제가 있는데?"
"하나씩 알려줄게."

01 투기과열지구와 청약과열지구

투기 행위가 만연해 주택 가격이 급등하면 여러 부작용이 발생합니다. 그래서 주택 가격 상승을 노린 투기 행위가 발생할 우려가 있는 지역을 투기과열지구로 지정해 따로 관리합니다. 청약과열지구도 비슷한 맥락에서 이해하면 됩니다. 투기과열지구나 청약과열지구는 규제지역으로 분류되어 당첨자 선정 방법뿐만 아니라 대출이나 실거주 의무 등에서 여러 제한을 받습니다. 따라서 투기과열지구 및 청약과열지구에 청약을 넣는 사람이라면, 어떤 규제가 있는지를 꼭 확인해야 합니다.

02 투기과열지구에 가해지는 규제

투기과열지구에 가해지는 규제에는 대출 규제, 전매 제한, 청약 당첨 1순위 자격의 강화, 그리고 앞서 알아봤던 재당첨 제한 기간의 연장 등이 있습니다. 1순위 자격의 강화는 뒤에서 알아보고, 이번 장에서는 나머지 세 가지 규제를 살펴보겠습니다.

(1) 대출 규제

청약에 당첨되면 계약금을 지불하고 중도금, 잔금을 치러야 합니다. 이때 중도금과 잔금은 보통 대출을 받아 납부하는데요 투기과열지구나 청약과열지구의 아파트는 대출 금액에 제한이 있습니다. 이해를 돕기 위해 두 가지 부동산 용어를 먼저 설명드리겠습니다.

첫 번째는 LTV, 주택담보 대출비율입니다. 주택을 담보로 대출받을 때 인정받을 수 있는 자산 가치 대비, 빌릴 수 있는 자금의 비율입니다. 예를 들어, LTV가 50%라면 주택 가격이 1억 원일 때 대출 가능 금액은 1억 원의 50%인 5천만 원이 됩니다.

두 번째는 DTI, 총부채 상환비율입니다. 상환해야 하는 주택 담보대출의 원금과 이자, 그리고 기타 대출의 이자 상환금액이 연 소득에서 차지하는 비율입니다. 예를 들어, 연봉이 1억 원인 직장인이 DTI 50% 규제를 받는다면 연간 주택 담보대출의 원리금과 기타 이자의 합이 5천만 원을 넘어가서는 안 된다는 의미입니다.

[1]생애 최초 주택 구매자라면 주택 소재지, 주택 가격과 관계 없이 LTV 최대 80%까지 적용 가능합니다. DTI는 주택 가격과 관계없이 40%로 주택 담보대출의 원리금과 기타 이자의 합이 연 소득의 40%를 넘어선 안 됩니다. 추가적으로 2주택 이상 보유 세대나 실거주 목적이 아닌 세대가 새로운 주택을 구입할 때, 주택 담보대출을 금지하는 규제가 있습니다.

구분	투기과열지구
LTV	생애최초 주택구매자, 주택 소재지역 · 주택가격 상관없이 LTV 상한 80% 적용 (대출한도 최대 6억원)
DTI	40%

1) 이 비율은 정부 정책에 따라 바뀔 수 있습니다. 청약 파트에 나오는 다른 모든 비율과 지원 자격 등도 마찬가지입니다. 반드시 청약 신청 전에 직접 확인해 봐야 합니다.

(2) 전매 제한

청약은 실거주를 목적으로 하는 사람도 있지만, 투자를 목적으로 하는 사람도 있습니다. 투자를 목적으로 하는 사람은 보통 청약에 당첨된 후 프리미엄을 붙여 분양권을 판매합니다. 이를 분양권 전매라고 합니다. 투기과열지구에 있는 아파트는 분양권 전매가 제한됩니다. 당첨자는 일정 기간 반드시 해당 주택에서 거주해야 합니다. 실거주자만 청약할 수 있도록 하여 투기 수요를 줄이려는 목적입니다.

(3) 재당첨 제한 기간의 강화

재당첨 제한이란 청약에 한 번 당첨되면 일정 기간 동안은 재당첨이 불가한 제도입니다. 청약과열지구는 7년, 투기과열지구는 10년으로 재당첨 제한 기간을 규정하고 있습니다.

지금까지 투기과열지구에 가해지는 규제를 살펴봤습니다. 청약에 대한 기본 정보는 다 배운 셈입니다. 이제 당첨 확률을 높이는 방법을 알아볼까요?

04
청약 당첨에 가까워지려면?

청약을 통해 내 집 마련을 하겠다는 마음을 확실하게 굳힌 철수. 하지만 경쟁이 너무 치열한데다 별다른 노하우가 없어 고민에 빠진다. 역시 이럴 땐 민수와의 상담이 필요하다.

"형, 나 청약과 관련해서 고민이 있어."
"뭔데?"
"청약에 당첨되려면 어떤 전략을 짜야 할까?"
"전략이라기보다는 당첨 확률을 높일 수 있는 방법들이 있는데, 한번 들어볼래?"

01. 1순위가 되기 위한 방법 : 국민주택

국민주택의 1순위가 되기 위해서는 일정 자격을 갖춰야 합니다. 1순위가 되기 위한 자격은 통장 부분과 청약 부분으로 나눌 수 있습니다. 먼저 통장 자격을 알아볼까요?

청약하고자 하는 지역에 따라 통장 자격이 달라집니다. 아래 표에서 볼 수 있는 것처럼 투기과열지구나 청약과열지구는 가입 기간이 2년 이상 되어야 하고, 납입 횟수도 24회 이상이어야 1순위 통장 자격이 주어집니다. 반면 위축지역의 경우 가입 기간이 1개월 이상, 납입 횟수가 1회만 돼도 1순위 통장 자격이 주어지죠.

지역		청약통장 가입 기간 (주택청약종합저축, 청약저축)	납입 횟수
투기과열지구나 청약과열지구		2년 이상	24회 이상
투기과열지구 및 청약과열지구, 위축지역 외 지역	수도권 지역	1년 이상	12회 이상
	수도권 외 지역	6개월 이상	6회 이상
위축지역		1개월 이상	1회 이상

사실 1순위 통장 자격은 어렵지 않습니다. 진짜 어려운 건 청약 자격 1순위가 되는 것입니다. 특히 국민주택의 경우 국민의 안정적인 보금자리 마련을 위해 국가 혹은 주택도시기금의 주도하에 건설되기 때문에 민영주택에 비해 조건이 더 까다롭습니다. 국민주택 청약 1순위 자격 조건은 다음과 같습니다.

① 최초 입주자 모집공고가 올라왔을 때, 해당 주택 건설지역 또는 인근 지역에 거주해야 합니다.

② 만 19세 이상이어야 합니다. 단, 미성년자라도 세대주로서 자녀를 키우거나 부모 및 조부모의 사망, 행방불명 및 실종선고로 인해 세대주가 되어 주민등록상의 형제자매를 부양하는 경우는 1순위 자격이 주어집니다.

③ 본인은 물론 세대원 전원이 무주택자여야 합니다.

이 세 가지가 국민주택 1순위 청약 자격입니다. 하지만 투기과열지구와 청약과열지구는 여기에 더 까다로운 조건이 붙습니다.

① 세대주여야 합니다.

② 세대원 모두 과거 5년 이내에 다른 주택에 당첨된 적이 없어야 합니다.

1순위가 되는 것은 생각보다 쉽지 않습니다. 그런데도 1순위 자격을 갖춘 사람들이 많습니다. 그럼 이제 1순위끼리 경쟁을 해야 하는데요, 어떤 기준으로 할까요?

02 국민주택, 당첨률을 높여보자!

국민주택의 경우 주택 면적에 따라 순위 내 당첨자 선정 방식이 달라집니다.

40m² 이하 주택은 3년 이상 무주택 가구 구성원으로 납입 횟수가 많은 순서대로, 40m² 초과 주택은 3년 이상 무주택 가구 구성원으로 저축총액이 많은 순서대로 당첨자를 선정합니다. 2순위 역시 40m² 이하 주택은 납입 횟수가 많은 순서대로, 40m² 초과 주택은 저축총액이 많은 순서대로 당첨자를 선정하고 있습니다.

순차	40m² 이하	40m² 초과
1	3년 이상의 기간 동안 무주택 가구 구성원으로 납입 횟수가 많은 사람	3년 이상의 기간 동안 무주택 가구 구성원으로 저축총액이 많은 사람
2	납입 횟수가 많은 사람	저축총액이 많은 사람

즉, 신청하고자 하는 주택의 면적을 기준으로 납입 횟수가 많아야 당첨 확률이 높아지는지, 저축총액이 많아야 당첨 확률이 높아지는지를 잘 파악해서 전략적으로 준비한 후 신청해야 합니다.

03 1순위가 되기 위한 방법 : 민영주택

민영주택도 국민주택과 마찬가지로 통장 자격과 청약 자격 두 가지가 모두 1순위 자격 요건을 갖춰야 합니다. 통장 자격의 경우, 통장 가입 기간과 지역별 예치금 이상의 납입금이 1순위의 기준입니다. 지역별 예치 금액은 최소 200만 원부터 최대 1,500만 원까지로 청약 Home 사이트에서 확인이 가능합니다. 이때 지역의 기준은 현재 본인이 사는 거주지입니다. 부산에 거주하는 사람이 서울에 위치한 민영주택에 청약 신청을 한다면 서울이 아닌 부산에 적용되는 예치금 기준을 따라야 하는 것이죠. 가입 기간과 예치 금액 기준을 맞추면 1순위 통장 자격을 얻게 됩니다.

청약순위	청약통장	순위별 조건	
		청약통장가입 기간	납입금
1	주택청약종합저축	① 투기과열지구 및 청약과열지구 : 가입 후 2년 경과 ② 위축지역 : 가입 후 1개월 경과 ③ 투기과열지구 및 청약과열지구, 위축지역 외 - 수도권 지역 : 가입 후 1년 경과 - 수도권 외 지역 : 가입 후 6개월 경과	납입인정금액이 지역별 예치금액 이상

이제 청약 자격 1순위를 알아볼까요?

① 최초 입주자 모집공고가 올라왔을 때, 해당 주택 건설지역 또는 인근 지역에 거주해야 합니다.

② 만 19세 이상이어야 합니다. 단, 미성년자라도 세대주로서 자녀를 키우거나 부모 및 조부모의 사망, 행방불명 및 실종선고로 인해 세대주가 되어 주민등록상의 형제자매를 부양하는 경우는 1순위 자격이 주어집니다.

이 두 가지가 민영주택 청약 1순위 자격 조건입니다. 국민주택보다는 조건이 간단하죠? 하지만 투기과열지구 및 청약과열지구는 세 가지 조건이 추가됩니다.

① 세대주여야 합니다.

② 세대원 모두 과거 5년 이내에 다른 주택에 당첨된 적이 없어야 합니다.

③ 세대원 모두 2주택 이상 소유하고 있으면 안 됩니다.

민영주택 1순위 자격을 갖췄다면, 이제 1순위끼리 경쟁해야 합니다. 어떤 기준으로 할까요?

04 민영주택, 당첨률을 높여보자!

민영주택의 경우, 1순위 중 같은 순위 안에 경쟁이 있으면 가점제 및 추첨제로 당첨자를 선정합니다. 주택 면적 85m²를 기준으로 각 지역에 따라 선정 방법과 비율이 달라집니다.

주거전용면적		투기 과열지구	청약 과열지구	수도권 내 공공주택지구	85m² 초과 공공건설 임대주택	그 외 주택
85m² 이하	가점제	100%	75%	100%	-	40% (40% 이하로 조정 가능)
	추첨제	0%	25%	0%	-	60% (60% 이상으로 조정 가능)
85m² 초과	가점제	50%	30%	50% (50% 이하로 조정 가능)	100%	0%
	추첨제	50%	70%	50% (50% 이상으로 조정 가능)	0%	100%

표를 통해 알 수 있듯, 가점은 당첨자 선정에 매우 큰 영향을 미칩니다. 즉, 가점이 높은 사람이 무조건 유리합니다. 가점은 무엇이고 어떻게 쌓을 수 있을까요? 가점항목은 총 세 가지로, 무주택 기간, 부양가족 수, 입주자 저축 가입 기간이 있습니다. 무주택 기간 최대 32점, 부양가족 수 최대 35점, 입주자 저축 가입 기간 최대 17점으로 총 84점의 가점을 얻을 수 있죠. 가점 표는 다음과 같습니다.

(1) 무주택 기간(32점)

가점구분	점수	가점구분	점수
30세 미만 미혼 무주택자	0점	8년 이상~9년 미만	18점
1년 미만	2점	9년 이상~10년 미만	20점
1년 이상~2년 미만	4점	10년 이상~11년 미만	22점
2년 이상~3년 미만	6점	11년 이상~12년 미만	24점
3년 이상~4년 미만	8점	12년 이상~13년 미만	26점
4년 이상~5년 미만	10점	13년 이상~14년 미만	28점
5년 이상~6년 미만	12점	14년 이상~15년 미만	30점
6년 이상~7년 미만	14점	15년 이상	32점
7년 이상~8년 미만	16점		

(2) 부양가족 수(35점)

가점구분	점수	가점구분	점수
0명	5점	4명	25점
1명	10점	5명	30점
2명	15점	6명 이상	35점
3명	20점		

(3) 입주자 저축 가입 기간(17점)

가점구분	점수	가점구분	점수
6개월 미만	1점	8년 이상~9년 미만	10점
6개월 이상~1년 미만	2점	9년 이상~10년 미만	11점
1년 이상~2년 미만	3점	10년 이상~11년 미만	12점
2년 이상~3년 미만	4점	11년 이상~12년 미만	13점
3년 이상~4년 미만	5점	12년 이상~13년 미만	14점
4년 이상~5년 미만	6점	13년 이상~14년 미만	15점
5년 이상~6년 미만	7점	14년 이상~15년 미만	16점
6년 이상~7년 미만	8점	15년 이상	17점
7년 이상~8년 미만	9점	-	-

무주택 기간이 길수록, 부양가족 수가 많을수록, 저축 기간이 길수록 높은 점수를 받을 수 있습니다. 그런데 가점제도는 기성세대에게만 유리합니다. 특히 청년층에게는 매우 불리하죠. 청년 세대는 부양가족이 없는 경우가 많고, 무주택 기간과 저축 기간 역시 기성세대보다 짧을 수밖에 없기 때문입니다. 그래서 다양한 계층이 주거 안정의 혜택을 받을 수 있도록 특별공급 물량을 따로 배정하고 있습니다.

05 특별공급

청약으로 풀리는 아파트 물량은 크게 일반공급과 특별공급으로 나뉩니다. 앞에서 설명한 선정 기준과 당첨 방법은 모두 일반공급에 해당합니다. 그럼 특별공급은 무엇일까요? 특별공급은 정책적 배려가 필요한 사회 계층 중 무주택자의 주택 마련을 지원하기 위한 제도로, 줄여서 '특공'이라고도 부릅니다. 특별공급 물량을 따로 배정하는 데다 지원 자격을 갖춘 대상이 한정적이라 청약 경쟁률이 일반공급보다 훨씬 낮습니다. 그래서 당첨 횟수를 1세대당 평생 1회로 제한하고 있죠.

특별공급의 주요 대상으로는 국가유공자, 독립유공자, 보훈대상자, 참전유공자, 세 자녀 이상 세대, 신혼부부, 노부모 부양 가구, 북한이탈주민, 이전기관 종사 등이 있습니다. 특별공급 청약신청자 역시 청약통장을 보유하고 있어야 하지만 장애인이나 철거민, 국가유공자, 외국인 등은 청약통장 없이도 신청이 가능합니다.

국민주택이든 민영주택이든 일정 비율로 특별공급 물량을 따로 배정합니다. 대상자에 해당한다면 경쟁률이 높은 일반공급보다는 특별공급을 신청하는 것이 훨씬 유리합니다. 물론 특별공급 대상자에 해당한다고 무조건 당첨되는 것은 아닙니다. 그 안에서도 정해진 기준에 따라 우선순위가 달라집니다. 예를 들어, 신혼부부라면 소득이 얼마나 되는지, 자녀가 있는지, 있다면 몇 명인지 등으로 점수가 나뉘는 것이죠. 대상자마다 자격이나 조건이 상이하므로 청약 Home 사이트를 통해 세부 사항을 확인한 후 신청하는 게 좋습니다.

05
청약, 실전으로!

"민수 형, 늘 고마워. 특별공급을 먼저 알아봐야겠다."
"뭘, 이 정도 가지고. 차근차근 잘 알아봐."
"형, 근데 청약 일정이나 분양 중인 아파트 같은 건 어떻게 알 수 있어? 그리고 신청은 어떻게 해야 하는 거야?"
"아, 그건 청약 Home 사이트를 통해 알 수 있어. 청약 연습이나 모집공고, 실제 신청도 모두 그 사이트에서 가능해. 하나씩 설명해 줄게."

01 청약의 필수 플랫폼, 청약 Home

청약은 청약 Home 사이트(또는 앱)에서 진행할 수 있습니다. 청약 Home에서는 청약 신청뿐 아니라 청약 일정 확인, 자격 확인, 당첨 조회 심지어는 가점 계산과 청약 연습까지 해볼 수 있습니다.

(1) 청약 Home 사용 방법

청약 Home 사이트의 메인화면입니다. 구석구석 구경해 볼까요?

① 청약 캘린더

청약 캘린더를 이용하면 청약 일정을 한눈에 파악할 수 있습니다. 공급유형에 따라 다른 색상으로 구분되어 있기 때문에 원하는 유형의 청약을 찾기 쉽습니다. 추가로 청약알리미 서비스를 이용하면 원하는 지역의 분양 소식을 문자로 빠르게 받아 볼 수 있습니다.

② 가점 계산기

민영주택 청약을 준비한다면 가점을 꼼꼼히 확인해야 합니다. 이때 가점 계산기를 이용하면 가점이 어느 정도 쌓였는지 쉽게 알 수 있습니다.

③ 청약 연습

실전을 앞두고 연습이 필요하다면 청약 Home의 청약 연습을 이용하면 됩니다. 청약 연습을 통해 주택 선택부터 자격 확인, 가점 확인 등 실제 청약과 동일한 과정을 미리 경험해 볼 수 있습니다. 모집공고일 당일부터 청약신청일 전일까지 연습이 가능하며, 이용 시간은 오전 9시부터 오후 5시 30분까지입니다.

공고단지 청약연습

> 공고단지 청약연습 > 공고단지 > 청약연습

- 세대 구성원 등록 및 동의 절차를 거치지 않고 공고단지 청약연습을 신청하시면, 청약자 본인의 주택소유정보 및 청약자격정보만 제공됩니다.
- 본 서비스는 민영주택 중 일반공급 1순위만 제공하며, 특별공급과 2순위는 청약연습하기 서비스를 제공하지 않습니다.

□ 이용시간

서비스 구분	이용시간	이용일
공고단지 청약연습 신청·취소	09:00 ~ 17:30	모집공고일 익일 ~ 청약신청일 전일
공고단지 청약연습 내역조회	09:00 ~ 21:30	신청일로부터 3개월
청약통장 가입내역조회	09:00 ~ 17:30	영업일

이외에도 청약 Home에는 도움이 되는 기능이 많습니다. 청약을 염두에 두고 있다면 꼭 청약 Home을 이용해 보세요.

(2) 모집공고문 읽기

모집공고문에는 분양일정, 시행사, 시공사, 분양면적, 분양가, 일반공급과 특별공급의 비율, 선발 방식, 납부 일정, 청약자격 등 해당 아파트 청약과 관련된 세세한 정보들이 다 나와 있습니다. 이 많은 내용 중에 어떤 것을 중점적으로 봐야 할까요? 하나씩 알아보겠습니다.

① 특별공급과 일반공급 물량

특별공급과 일반공급의 물량을 파악합니다. 그다음 자신이 특별공급 대상자에 해당하는지 확인합니다.

② 규제지역

해당 지역이 투기과열지구나 청약과열지구에 해당하는지 확인합니다.

③ 규제사항

규제지역에 해당한다면 전매 제한, 실거주 의무 기간, 대출 가능 범위 등을 꼼꼼하게 확인합니다.

④ 1순위 우선 조건과 당첨자 선정 기준

1순위 우선 조건과 당첨자 선정 기준을 확인합니다.

⑤ 당첨 제한 관련 조항

1순위 자격과 높은 가점을 갖췄더라도 특정 조항에 의해 당첨이 제한될 수 있습니다. 당첨이 제한될 수 있는 사항을 미리 확인합니다.

참고로 모집공고문은 청약 Home에서 확인할 수 있습니다. 처음에는 모집공고문을 보는 것이 낯설지만 몇 번 하다 보면 금세 익숙해집니다. 이제 마지막으로 청약 당첨 이후 과정을 알아보겠습니다.

02. 청약 당첨 후, 계약부터 입주까지!

청약 당첨 이후의 과정을 간략하게 나타내면 다음과 같습니다.

> 청약 신청 → 청약 당첨자 발표 → 최종 계약 → 중도금 납부 → 잔금 납부 → 입주

청약 신청 후, 약 일주일 뒤에 청약 Home을 통해 당첨자를 확인할 수 있습니다. 물론 당첨이 되었다고 바로 계약을 하는 것은 아닙니다. 2주 동안 부적격 심사를 진행합니다. 심사를 통과하면 최종 계약을 맺습니다. 계약 시 보통 분양가의 약 10%를 계약금으로 내고, 별도로 발코니 확장이나 추가 옵션 사항을 정합니다.

계약 이후부터 아파트 완공까지의 기간 동안 중도금을 납부합니다. 중도금은 분양가의 60% 정도입니다. 분납이 가능하고 대부분은 대출을 이용합니다.

아파트가 완공되면, 잔금을 치릅니다. 잔금은 분양가의 30% 정도입니다. 다 지어진 아파트는 주변 시세에 맞게 새로운 가격이 정해지는데, 대부분은 분양가보다 높습니다. 중요한 건, 이 시기 대출을 받을 때는 분양가가 아닌 새로운 가격으로 부동산 가치가 산정된다는 것입니다. 집값이 분양가보다 많이 오른 상태라면 잔금까지도 대출로 납부가 가능합니다. 일부는 집을 전세로 내놓아 전세보증금으로 잔금을 납부하기도 합니다.

잔금까지 납부하면 입주가 시작됩니다. 입주 후에는 전입신고, 취득세 납부, 소유권 이전 등기를 합니다. 드디어 내 집 마련의 모든 과정이 끝났습니다!

잠깐 쉬어가기

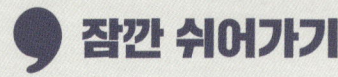

청약으로 좋은 집을 구하고 싶다면 수시로 올라오는 임대공고를 빠르게 확인하고 신청을 해야 합니다. 이때 유용하게 이용할 수 있는 사이트(앱)가 바로 LH 청약센터입니다. 지역별 임대공고나 각 제도별 정보를 쉽게 확인할 수 있는 건 물론이고 연도별 공급계획도 미리 알 수 있습니다. 청약 Home 사이트와 함께 이용해 보세요.

#커뮤니티 활용하기

혼자서는 정보를 얻는 데 한계가 있고, 지치기도 쉽습니다. 이럴 때는 커뮤니티를 이용하면 좋습니다. 대표적인 청약 관련 커뮤니티로는 [모두의 청약]과 [내 집 마련 스쿨]이 있습니다.

▲ 모두의 청약 바로 가기

▲ 내 집 마련 스쿨 바로 가기

Thank you

이 책을 읽은 모든 독자들과 안선생 유튜브 채널의 시청자분들께 감사드립니다. 저는 혼자서 이런 콘텐츠를 만들 만큼 대단한 사람이 못됩니다. 다 여러분 덕분입니다. 여러분이 집을 구하는 과정에서 힘들어하는 모습을 보여주셨기 때문에 제가 두 팔 걷고 움직일 수밖에 없었습니다. 여러분이 궁금증을 질문해 주셨기 때문에 제가 열심히 영상도 올리고 이렇게 책도 내게 되었습니다.
이 책은 여러분이 만들어주신 겁니다. 진심으로 감사드립니다.

책으로 더 많은 사람들에게 도움을 주고자 저를 설득해 주신 출판사 티더블유아이지 대표님께 감사드립니다. 독자에게 더 쉽고 친근하게 다가갈 수 있도록 글을 다듬어주신 신미선 편집장님께 감사드립니다.

감사인사

퇴고하는 과정에서 수많은 아이디어를 제공해 준 박고은 에디터에게도 감사드립니다. 책을 쓰는 동안 항상 배려해 주시고 격려해 주신 티더블유아이지의 모든 팀원분들께 감사드립니다.

마지막으로 사랑하는 사람을 위해 이 책을 추천하고 또, 선물하고 계신 분들께도 감사드립니다. 사회 초년생들이 좀 더 안전하게 세상을 살아갈 수 있는 건 모두 여러분 덕분입니다. 의미 있는 일에 동참해 주셔서 감사합니다.

안선생 올림.

집 구하는 게
너무 어렵습니다

초판 1쇄 발행	2022년 10월 11일
지 은 이	안선생
펴 낸 곳	티더블유아이지(주)
펴 낸 이	자몽
기 획 총 괄	신슬아
책 임 편 집	신미선, 박고은
편 집	윤예진, 박서현, 배지선
마 케 팅	자몽
디 자 인	이자인
출 판 등 록	제 300-2016-34호
주 소	서울특별시 종로구 새문안로3길 36, 1139호 (내수동, 용비어천가)
이 메 일	twigbackme@gmail.com

ⓒ 안선생, 2022, Printed in Korea
979-11-91590-10-4(03320)

- 잘못된 책은 구입하신 곳에서 바꾸어 드립니다.
- 이 책의 전부 또는 일부 내용을 재사용하려면 사전에 저작권자와 펴낸곳의 동의를 받아야 합니다.
- 본 도서는 저작권의 보호를 받습니다. 무단 전재와 복제를 금지합니다.